ゲンバクとよばれた少年

中村由一
聞き書き　渡辺考
絵　宮尾和孝

講談社

まえがき　ピカドン

ジリジリと太陽がてりつける暑い朝でした。

時計のはりが午前十一時をまわったばかりの、一瞬《いっしゅん》のできごとでした。

セミの鳴き声がいっせいにやみ、まっ白な光がおそいかかってきました。

ぼくの体はうきあがり、あいていた玄関《げんかん》のとびらの外に飛《と》ばされてしまいました。頭も体も強く打って意識《いしき》をうしない、それからさきのことは、しばらくのあいだ、なにもおぼえていません。

ぼくは、原子爆弾《げんしばくだん》の爆風に、ふき飛ばされたのです。

いまから七十年以上《いじょう》まえ、日本《にっぽん》と戦争《せんそう》をしていたアメリカが原子爆弾《げんしばくだん》をつくりました。ひとつの爆弾で、何十万人もの人たちを殺《ころ》すことができる、おそろしい新型爆弾《しんがたばくだん》です。爆発すると強い爆風や熱線《ねっせん》、放射線《ほうしゃせん》が出て、体ははげしいやけどを負《お》ってしまいます。爆発のすぐ近くにいた人は、体がとけてなくなってしまいました。放射線をあびると、生きのこっても、がんなどの病気になって、ずっと苦しい思いをしました。

原子爆弾は「原爆《げんばく》」ともいわれます。ピカッとひかってドンと落ちたので「ピカドン」とよぶ人もいました。

一九四五年の夏、日本がアメリカやイギリスなどの連合国軍《れんごうこくぐん》とたたかった太《たい》平洋戦争《へいようせんそう》は、始まってから三年半以上もつづいていました。アメリカ軍は日本中の都市を爆撃機《ばくげきき》で攻撃《こうげき》し、ついには沖縄《おきなわ》に上陸《じょうりく》したのですが、日本は降参《こうさん》しませんでした。アメリカは日本に戦争をやめさせるにはどうしたらいいかを、考えるようになりました。

アメリカは、無人《むじん》の砂漠《さばく》で原爆《げんばく》の爆発実験《じっけん》をおこない、成功《せいこう》させます。そして、おそろしいことにその新型爆弾《しんがたばくだん》を、人がたくさん住んでいる日本の都市の上空で、じっさいに爆発させることにしたのです。

B《ビー》29という爆撃機《ばくげきき》が、日本列島から二千キロ以上《いじょう》もはなれた、西太平洋《にしたいへいよう》マリアナ諸島《しょとう》のテニアン島《とう》から飛《と》んできて、さいしょの原爆を落としたのが広島《ひろしま》でした。一九四五年八月六日のことです。三十万人以上の人が被爆《ひばく》して、その年のうちに約《やく》十四万人が亡《な》くなりました。

その三日後の八月九日、こんどは九州《きゅうしゅう》の西のはしの長崎《ながさき》に、原爆が投下されました。

この日、長崎の空はくもっていました。爆撃機はねらいをさだめることができず、爆弾をかかえたまま、長崎の上空をぐるぐるとまわっていました。すると一瞬《いっしゅん》、雲の切れ間ができました。雲のあいだから見えたのが、ぼくたち家族がくらしていた、長崎市の北のはずれの浦上《うらかみ》地区だったのです。

八月九日午前十一時二分、B《ビー》29爆撃機《ばくげきき》は、浦上の上空から原爆を落としました。

原爆が爆発したとき、ぼくは家で、近所に住んでいる親戚《しんせき》の田中《たなか》のおじちゃんと話をしていました。

目をあけていられないような、つきさすような光。

ガラガラガラとあたりの建物《たてもの》がくずれ落ちる音。

「助けて」「いたいよお」

人々のさけび声。

一瞬にして、町の景色《けしき》がかわってしまいました。

ぼくは原爆《げんばく》の光を直接《ちょくせつ》あびずにすんだのですが、ほぼ同時におそってきたはげしい爆風に、ふき飛《と》ばされてしまいました。

家も一瞬《いっしゅん》でくずれ落ちました。飛ばされたせいで、家の下じきにはなりませんでしたが、家のよこのレンガ塀《べい》がくずれて、ぼくの体はレンガの下にうもれてしまいました。

田中のおじちゃんが、やけどを負いながらもどうにかさがしだしてくれて、ぼくは命びろいをしました。けれど長崎では、この年のうちに七万四千近くもの人が亡《な》くなりました。

このとき、ぼくはまだ二歳《さい》十か月の子どもでした。ですから、この本に書いてある小さいころのことは、少し大きくなってからおとなたちに聞いたことが、もとになっています。

原爆《げんばく》投下後のことでしっかりとおぼえているのは、かわりはてたふるさとの景色《けしき》です。建物《たてもの》のざんがい、茶色く焼《や》けはてた大地。大好《だいす》きだった浦上の町なみは、もうそこにはありませんでした。浦上にはくらせなくなり、家族はひっこしをします。でもそこで待っていたのは、まずしくてつらい生活でした。原爆のせいで被害《ひがい》を受けた人のことを「被爆者《ひばくしゃ》」といいますが、ぼくは被爆者であることでたいへん苦しい思いをしました。

小学校の先生やともだちから「ゲンバク」とよばれていじめられました。だから、あるときから口にチャックをして、被爆者であることをかくして生きることにしました。そして「ゲンバク」に加《くわ》えて、もうひとつの差別も受けるようになりました。もうひとつの差別については、あとでくわしくお話ししますが、ぼくはふたつの差別をせおって生きてきたのです。

長崎に原爆が落とされてから、七十年以上《いじょう》の年月が流れました。ぼくも七十代半ばになります。残《のこ》された時間がそんなに多くないと気づいたとき、ぼくの体験《たいけん》をみなさんに知ってもらいたいと思うようになりました。

長崎に原爆《げんばく》が落とされ、なにが起こったのか？　ふたつの差別《さべつ》は、どのようなものだったのか？　「ゲンバク」とよばれたぼくが、どんな体験《たいけん》をしたのか。

いまからそのことを、お話ししたいと思います。

二〇一八年初夏《しょか》

中村由一《なかむらよしかず》

ゲンバクとよばれた少年

もくじ

聞き書き　渡辺　考
絵　宮尾和孝
ブックデザイン　城所　潤

第一章

消えたふるさと

家族のこと

一九四二年十月四日、ぼくは長崎市《ながさきし》に生まれました。日本《にっぽん》は太平洋戦争《たいへいようせんそう》のまっただなかでした。

ぼくに「由一《よしかず》」という名前をつけたのはとうちゃんです。小学校を出て、すぐに漁師《りょうし》になったとうちゃんは、読み書きが少ししかできず、苦労《くろう》しました。息子《むすこ》には、おなじ苦労をさせたくなかったんでしょうね。画数が少ない字なら書きやすいだろうという理由で、由一とつけたそうです。

かたことのことばがしゃべれるようになったとき、ぼくは自分の名前をしっかりと言うことができず、「よかやら」と発音したのだそうです。ぼくはまわりの人たちから「よかららくん」とよばれるようになりました。

ちょっとあいきょうもあって、ぼくは人気者だったみたいです。「よからくんをむかえに来たよ」と言って、毎日のように近所のおばちゃんたちがやってきました。ぼくをせおって、いろんなところにつれていってくれました。

とうちゃんの名前は「嘉四郎《かしろう》」といいます。「嘉」なんて書きにくそうですね。海ぞいの町で、しばらくのあいだ漁師《りょうし》をやったあと、かあちゃんと結婚《けっこん》し、靴《くつ》の製造《せいぞう》と修理《しゅうり》の仕事をするようになりました。腕《うで》のいい職人《しょくにん》で、いつもいそがしくしていました。でも太平洋戦争が始まると、長崎市内の大きな造船所に動員され、そこの工員たちの靴の修理をするようになりました。

ぼくが生まれて一年ちょっとたったころ、一枚《まい》の紙が家にとどけられました。召集令状《しょうしゅうれいじょう》でした。その紙の色から「赤紙《あかがみ》」ともよばれていて、これが来たら軍隊《ぐんたい》に行かなくてはなりません。数日で荷物をまとめると、お別《わか》れの時間もあまりないまま、とうちゃんは陸軍《りくぐん》二《に》等兵《とうへい》として戦場へ出征《しゅっせい》しました。

それからは、かあちゃんが一家の中心になりました。名前は「イネ」といいます。こわかったけど、とてもやさしくて、そして頼《たよ》りになる存在《そんざい》でした。かあちゃんは、とうちゃんとおなじで、読み書きがほとんどできませんでした。カタカナをやっと書けるくらいでした。

とうちゃんが出征《しゅっせい》するとき、かあちゃんのおなかには命がやどっていました。とうちゃんは日本が勝つようにと願《ねが》い、男の子だったら、「勝利《しょうり》」を訓読《くんよ》みにして「勝利《まさとし》」と名づけるように言いのこしました。こうして一九四四年の終わりに生まれたのが、弟の勝利です。七歳《さい》年上の常己《つねみ》にいちゃん、ぼく、そして勝利の三人兄弟になりました。

家にはほかにも、親戚《しんせき》からあずかった子どもがふたりいました。正子《まさこ》ねえちゃんと博昭《ひろあき》にいちゃんです。だから、かあちゃんは五人の子どもをひとりで育てることになりました。戦争中《せんそうちゅう》にたいへんな苦労《くろう》だったと思います。

とうちゃんが軍隊《ぐんたい》に行ったあとは、かあちゃんがお金をかせがなくてはなりません。でも、五人の子育てをしながらでは、じゅうぶんにはたらくことができず、生活は苦しくなるいっぽうでした。

いちばん年上の正子ねえちゃんに子守《こも》りをまかせて、日やといの仕事に行くこともありました。道路をつくったり工場ではたらいたりする、たいへんな重労働《じゅうろうどう》です。常己にいちゃんは、そんなかあちゃんのすがたを見て、「ぼくが工場にはたらきに行こうか」と、いつも言っていたそうです。

戦争《せんそう》が始まってすぐのころ、かあちゃんは、日本はアメリカに勝つと思っていました。でも、このころになると、もうだめだと感じていました。

竹やり訓練《くんれん》が毎日のようにありました。アメリカ兵《へい》が日本に上陸《じょうりく》してきたら、女が力をあわせて竹やりでたたかおうというわけです。こんな訓練は役に立たないと思いながらやっていたと、あとからかあちゃんに聞かされました。

クスノキの町

長崎のことを、みなさんはどのくらい知っていますか？

長崎の港では、いまから四百年以上《いじょう》まえから、ヨーロッパの国々との貿易《ぼうえき》が始まっていました。江戸時代《えどじだい》になって徳川幕府《とくがわばくふ》が鎖国政策《さこくせいさく》をとり、外国とのつきあいをやめたときも、長崎だけは例外《れいがい》で、オランダや中国《ちゅうごく》と貿易をつづけていました。

明治時代《めいじじだい》には、長崎造船所《ながさきぞうせんじょ》で、軍艦《ぐんかん》や客船などをつくるようになりました。長崎には造船所などの工場ではたらくために、たくさんの人が集まりました。いつも人がいっぱいいるにぎやかな町、それが長崎だったのです。

ぼくが生まれ育った浦上《うらかみ》地区は、長崎市の北部にあります。にぎやかな中心部からはちょっとはなれた農村地帯《ちたい》でした。多くの人は畑で野菜《やさい》をつくり、それを長崎の中心部に出荷《しゅっか》することで生計を立てていました。

浦上地区には、キリスト教を信《しん》じることが禁止《きんし》されていた江戸時代のあいだも、こっそりと信仰《しんこう》を守ってきた歴史《れきし》があります。そういう人たちは、かくれてお祈《いの》りをしていたので「かくれキリシタン」とよばれていました。

奉行所《ぶぎょうしょ》の役人に見つかると、きびしく取りしまられました。冬の寒い日にこおった池のなかに入れられたり、ムチでたたかれたりする拷問《ごうもん》を受けました。多くのかくれキリシタンが、命を落とすことになったのです。

浦上地区のなかに、ぼくが生まれた浦上町《うらかみまち》があります。浦上町の人たちは、キリシタンではありません。おなじ浦上ですが、大きな浦上地区の一部分に浦上町があり、そこには九百人ほどの人がくらしていました。木造《もくぞう》の長屋がなかよくならび、町のまんなかに、樹齢《じゅれい》三百年をこえるりっぱなクスノキがにょき

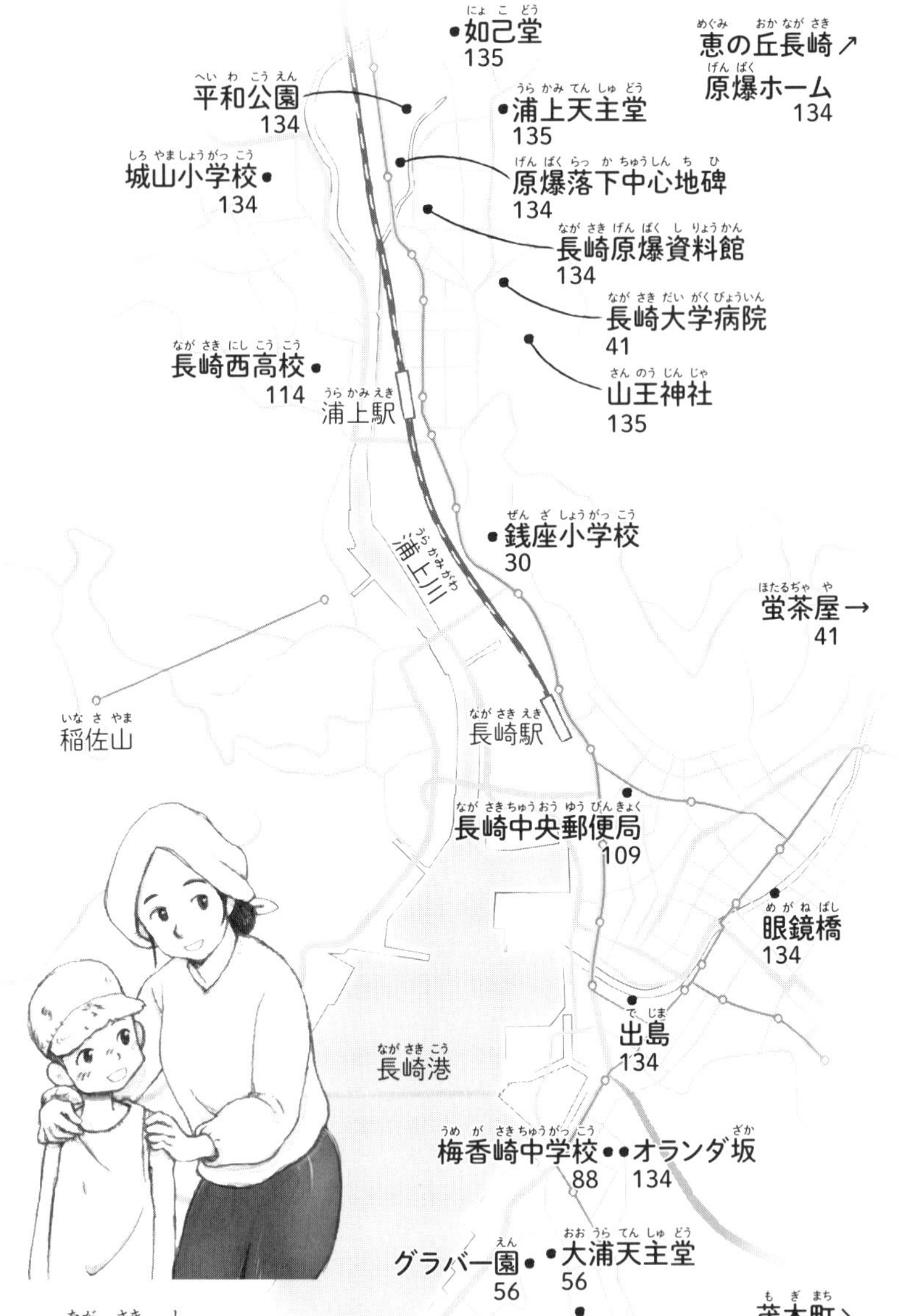

長崎市《ながさきし》の地図（2018年）

数字は、さいしょに出てくるページです。

っと立っているのが、みんなのじまんでした。

浦上町の人たちの多くは、動物の革《かわ》を使って靴《くつ》をつくる仕事をしていました。靴のほかに草履《ぞうり》や雪駄《せった》をつくる人もいました。ぼくの家のまわりも、ほとんどが自宅《じたく》を利用《りよう》した靴の製造所《せいぞうじょ》でした。とても根気のいる作業で、朝はやくから日がくれるまで、革をたたく金槌《かなづち》の音が町ぜんたいにひびいていました。

すぐとなりは、田中《たなか》のおじちゃんの家でした。いつも五、六人の靴職人《くつしょくにん》が集まって、男ものの革靴をつくっていました。戦時中《せんじちゅう》は、軍靴《ぐんか》といって、兵隊《へいたい》さんがはく長靴をつくるのが中心でした。

アメリカ軍《ぐん》がばらまいたビラ

敗戦《はいせん》のまえの年、一九四四年の夏ごろになると、長崎の町はアメリカ軍の爆《ばく》撃機《げきき》の空襲《くうしゅう》を受けるようになりました。はじめのころは、造船所《ぞうせんじょ》や兵器《へいき》をつくる軍需《ぐんじゅ》工場が目標《もくひょう》にされましたが、やがてふつうの人がくらす町にも、爆弾《ばくだん》が落とされるようになりました。

アメリカ軍の爆撃機が近づいたことを知らせるのが、空襲警報《けいほう》です。サイレンが鳴るたびにかあちゃんは、ぼくたち五人の子どもをつれて、家の近くの防空壕《ぼうくうごう》に逃《に》げました。防空壕というのは、地面に穴《あな》を掘《ほ》るなどしてつくった避難《ひなん》場所のことです。かあちゃんにとって、空襲警報が鳴るたびに、ぼくをだいて勝利をおぶって逃げるのは、たいへんなことでした。

「長崎良《よ》い街花《まち》の街、七日八日は灰《はい》の街」

一九四五年八月七日、かあちゃんが外でひろった紙きれには、そう書いてあったそうです。それはアメリカ軍の飛行機《ひこうき》が、空の上からばらまいたビラでした。

みんなこわくなり、七日と八日の二日間は、ずっと防空壕《ぼうくうごう》ですごしました。

でも、空襲《くうしゅう》はありませんでした。

「だいじょうぶだね」

「もう来ないね」

みんなそんなことを言いながら防空壕を出て、家にもどりました。かあちゃんも、もう爆弾《ばくだん》は落ちないだろうと思っていました。

でも、運命は、そんなにやさしくありませんでした。

午前十一時二分

一九四五年八月九日。

とても暑い日でした。町のまんなかのクスノキにむらがるセミたちも、競《きそ》うようにして鳴いています。浦上町の人たちは、いつもとおなじように靴《くつ》をつくる仕事にはげんでいて、セミの鳴き声に負けないくらい、金槌《かなづち》の音がひびいていいました。

この日、かあちゃんは、浦上町から十キロほど南の、茂木町《もぎまち》に行こうとしていました。そこに住んでいるばあちゃんが、カボチャやジャガイモが手に入ったから取りに来るようにと、知らせをよこしたのです。

食べるものが不足していたため、かあちゃんは、この話に飛《と》びつきました。子どもたちを置《お》いてでかけるために、起きたばかりのぼくと勝利を、もういちど寝《ね》かしつけました。常己にいちゃんは国民学校《こくみんがっこう》（いまの小学校のこと）へ、親戚《しんせき》の正子ねえちゃんと博昭にいちゃんは、近所の家に遊びに行きました。

かあちゃんがでかけることを知った、田中のおじちゃんが言いました。

「アメリカの空襲《くうしゅう》があるかもしれんとに、それでもおまえは行くとか？」

かあちゃんはこう言いかえしました。

「野菜《やさい》がほしかもん」

おじちゃんの声をふりきると、かあちゃんは近所のふたりのおばちゃんといっしょに、野菜をのせるリヤカーをひいて出発したのです。

ぼくの家は古い木造平屋建《もくぞうひらやだ》ての一軒家《いっけんや》で、どの部屋もみな、たたみじきでした。すぐに目がさめてしまったぼくは、なにもすることがなかったので、大きな声で歌をうたっていました。すると、田中のおじちゃんがやってきて、

「勝利が寝《ね》とるけん、静《しず》かにしとってくれ。勝利が起きれば、泣《な》き声《ごえ》がうるさくて仕事ができんやろ。歌をうたうなら外でうたえ」

と言われました。

その瞬間《しゅんかん》でした。

午前十一時二分、浦上町は、するどい光につつまれたのです。

原爆《げんばく》が落とされた十五分後に撮影《さつえい》した、
きちょうな写真です。
爆発でわき上がる原子雲のようすを、
爆心地からおよそ八キロ南の
香焼島《こうやぎしま》（現在《げんざい》はうめたてで地つづきに
なっている）から撮影しました。

がれきの下で

原爆《げんばく》の爆風にふき飛《と》ばされて気絶《きぜつ》し、レンガの下じきになってしまったのは、「まえがき」でお話ししたとおりです。

原爆のおそろしさは、爆薬を爆発させるだけのそれまでの爆弾《ばくだん》とちがって、物質《ぶっしつ》のおおもとの原子が核分裂《かくぶんれつ》を起こしたときに、放出されるエネルギーを利《り》用《よう》しているところにありました。

原爆が爆発すると、高温の熱線《ねっせん》が発生します。爆心地では爆発の瞬間《しゅんかん》、地面の温度が三千度から四千度になりました。

熱線で温度があがり、空気が膨張《ぼうちょう》すると、爆風をひき起こします。ぼくの体をふき飛ばしたのも、この爆風です。

また、原子の核分裂《かくぶんれつ》で発生する放射線《ほうしゃせん》も、被爆《ひばく》した人たちを苦しめました。けがややけどをしなくても、何年もたってからがんなどの病気になって、亡《な》くなる人がたくさんいました。

でも、原爆を落とされた浦上の人たちは、そういうことを知るはずもありませんでした。

がれきのなかから、勝利の泣《な》き声《ごえ》が聞こえてきたそうです。

「みんなで手分けして、勝利をさがしてくれ。おれは由一をさがす」

田中のおじちゃんは、はげしいやけどを負《お》っていましたが、そんなことおかまいなしに、ぼくたちをさがしはじめました。

とそのとき、田中のおじちゃんは、なにかやわらかいものにつまずきました。ふりかえると、それは、レンガのすきまから少しだけ顔を出した、ぼくの頭だったのです。

「ここに由一がうまっとるぞ」

田中のおじちゃんが大声でさけぶと、おとなたちが集まってきて、ぼくはレンガのがれきの下からひきあげられました。

すでにあちこちで火の手があがっていました。発見が、もう少しおくれていたら、ぼくは焼《や》け死《し》んでいたでしょう。ほんとうに運がよかったと思います。

でも、せっかくひきあげてもらったのに、ぼくは気をうしなったままでした。だから、おとなたちはみんな、ぼくは死んだと思ったそうです。

ぼく以外《いがい》の四人の子どもはどうなったのかというと、正子ねえちゃんと博昭にいちゃんは、近所の家にいてぶじでした。

学校に行った常己にいちゃんは、助かったことは助かったのですが、右腕《みぎうで》の手首に大けがをして動脈《どうみゃく》を切ってしまい、血が止まらなくなっていました。

にいちゃんとおなじ銭座国民学校《ぜんざこくみんがっこう》（いまの銭座小学校《ぜんざしょうがっこう》）に通っていた子どもだ

けで、約《やく》五百人が亡《な》くなったそうです。

やがて、がれきの下の勝利も、おじちゃんたちに発見されました。

「勝利を見つけたぞ」

でも、柱やら仏壇《ぶつだん》やら、太くて重いものがおおいかぶさっていて、かんたんにひっぱりだすことができません。

そこに火の手がせまってきました。生きているのがわかっているのに、どうすることもできません。

「きゃー、きゃー」

弟の泣《な》き声《ごえ》がひびいていました。おじちゃんたちはその場で手をあわせて、すぐ近くにころがっていた戸板にぼくの体だけをのせると、その場から運びだしました。

やがて火はがれきに燃《も》えうつり、弟の声は聞こえなくなりました。

「死んだ人たちを燃《も》やそう」

田中のおじちゃんたちは、ぼくを運んで、家から五十メートルほど坂道をのぼったところにある、大きな防空壕《ぼうくうごう》に向かいました。がけをくりぬいてつくった、たたみ二十枚《まい》ぐらいの大きさのほら穴《あな》で、なかにはすでにおおぜいの人たちがいました。

「助けてくれ」

「熱《あつ》いよ」

「いたいよ」

けが人も多く、さけび声やうめき声であふれていました。

家族と生きわかれになった人たちは、必死《ひっし》の顔つきで、まわりの人たちに行《ゆく》方《え》を聞いています。親とはぐれてしまった子どももいました。でもみんな、自分のことで精《せい》いっぱいで、こまっている人を助けることはできませんでした。

死体が、防空壕《ぼうくうごう》の外にまとめてならべられていました。気絶《きぜつ》しているぼくも、その死体置《お》き場《ば》に戸板ごと置かれたそうです。

ぼくは大けがをしていました。原爆《げんばく》の爆風で飛《と》ばされたときに、頭のてっぺんから後頭部にかけて、十五センチほどの切《き》り傷《きず》を負《お》っていたのです。傷口には赤い血がかたまっていました。でも、死んだと思われているので、だれも手当てをしてくれません。

それだけではありませんでした。ぼくは家のなかにいたおかげで、原爆の熱《ねっ》線《せん》はほとんど受けずにすんだのですが、両足のすねより下の部分は、熱線をあびて、大やけどになっていました。がれきの下にうまっていたときに、足の骨《ほね》や筋肉《きんにく》も傷つけてしまいました。

いまでも、両足の指は動かすことができません。やけどしたところの皮膚《ひふ》は黒いままです。

外にならべられた死体は、どんどん増《ふ》えていきました。

「あしたの朝、死んだ人たちを燃《も》やそう」

おとなたちのあいだで、そう決まりました。その「死んだ人たち」のなかには、もちろんぼくもふくまれていました。

火の海のなかを歩く

原爆《げんばく》が爆発したとき、かあちゃんは野菜《やさい》をもらいに行くとちゅうで、長崎市内を南へ歩いているところでした。ピカッと光ったのを見て、不安《ふあん》になったかあちゃんは、まわりの人に聞きました。

「いまのは焼夷弾《しょういだん》かなにかが、落ちたんじゃなかと」

焼夷弾というのは、人の家を焼《や》きはらうためにつくられた爆弾《ばくだん》で、地面に落ちて破裂《はれつ》すると、なかに入っている薬剤《やくざい》が燃《も》えだします。

「町のまんなかに、小さな爆弾な落ちたんじゃなかか」

そう言われてかあちゃんは、なんとなく安心してしまいました。町のまんなかなら浦上はだいじょうぶだと思ったのですが、やはりなんだか胸《むな》さわぎがします。かあちゃんたち三人は、来た道をひきかえすことにしました。

北に向かってどのくらい歩いたでしょう。ふと空を見あげると、黒いけむりがわきあがっているのが目に入りました。かあちゃんは、不安《ふあん》で不安でたまらなくなりました。さらに、急ぎ足で歩いていくと、黒いけむりの下に、火が燃えているのが見えてきました。

浦上に近づけば近づくほど、道の左右に火事が広がっていきます。リヤカー

をひいている場合ではありません。道ばたに置《お》きざりにしましたが、燃《も》えひろがる火のせいで、なかなか進むことができません。

火の海のなかを歩いていくうちに、はいていた靴《くつ》や着ていたモンペに火がうつりはじめました。大あわてで助けを求《もと》め、水をかけてもらったそうです。

そんなことをしながら、大急ぎで浦上をめざしました。死体もあちこちにころがっていたといいますから、命がけだったと思います。

かあちゃんは、知りあいに会うたびに声をかけました。

「うちの子どもがどこにおっとか知らんね？」

何人めかに会った人が教えてくれました。

「あんたんちの子は、みんな砲台山《ほうだいやま》の下の防空壕《ぼうくうごう》におるとよ」

道路には建物《たてもの》がたおれていたり、火事のせいで通行止めになっていたり、ふだんどおりには進めません。それでもかあちゃんたちは、遠まわりをしながら、ただひたすら子どもたちが待っている防空壕《ぼうくうごう》をめざしたのです。

「由一は生きとるぞ！」

かあちゃんが防空壕にたどりついたのは、日が落ちる直前のことでした。

「つねみ！」

「よしかず！」

「まさとし！」

防空壕のなかに入るや、かあちゃんは子どもたちの名前をさけびました。

声を聞きつけた常己にいちゃんは、どんなにうれしかったことでしょう。

「かあちゃんだ！」

布切《ぬのき》れで腕《うで》をまいた常己にいちゃんは、かあちゃんの胸《むね》に飛《と》びつきました。

かあちゃんは、にいちゃんにほおずりをしました。

田中のおじちゃんが、かあちゃんに近づいてこう言いました。

「勝利は、燃《も》えてしまったぞ。由一は助けたばってん、死んでしもうた」

かあちゃんは、その場にぼうぜんと立ちつくしました。頭がまっ白になって、しばらくなにも考えられなかったそうです。

わたしがいたら、どうにか助けることができたかもしれない。

かあちゃんはそう考えて、自分をせめました。食べものをもらうためとはいえ、田中のおじちゃんに「行くな」と止められたのに、子どもたちを置《お》いてでかけてしまったことを、くやんだのです。すわりこんでしまったかあちゃんのせなかを、田中のおじちゃんがそっとなでました。そのあたたかさが、逆《ぎゃく》にこたえたそうです。

夜になりました。もちろん電気なんてありません。防空壕《ぼうくうごう》のなかにロウソクがともされました。死んだ人たちをとむらおうということになり、みんなで外に出て、死んだ人の頭のあたりに一本ずつロウソクを立てました。

するると、常己にいちゃんが大きな声でこう言ったのです。

「由一、生きとるばい。足の指が動いたとよ」

おとなたちはいっせいに、ぼくの足を見つめました。でもそれはにいちゃんの錯覚《さっかく》でした。はげしいやけどを負《お》ったぼくの足が、動くはずはありません。

でも、そのときです。みんなが見ているまえで、ぼくの手の指がピクピクと動いたのです。

「由一は生きとるぞ！」

そうさけんだ田中のおじちゃんは、すぐにぼくを防空壕《ぼうくうごう》のなかに運んで、人《じん》工呼吸《こうこきゅう》をしてくれました。ぼくが生きていることがわかると、かあちゃんはその場で泣《な》きくずれてしまいました。

にいちゃんのひと言のおかげで、ぼくは命びろいをしたのです。

原爆《げんばく》投下の翌日《よくじつ》、かあちゃんはぼくとにいちゃんを、近所にあった長崎医大《ながさきいだい》の病院（いまの長崎大学病院《ながさきだいがくびょういん》）につれていきました。でも、医大病院は、大けがをした人が長い列をつくっていて、すぐには診療《しんりょう》してもらえそうもありません。そこで、山道を一時間以上《いじょう》歩いて、蛍茶屋《ほたるぢゃや》という町の外科《げか》病院に行くことになりました。ぼくをせなかにおんぶしてくれたのは、手首に大けがをした常己にいちゃんでした。

その病院も重傷《じゅうしょう》のけが人であふれていて、診察室《しんさつしつ》には入れませんでした。待合室に看護婦《かんごふ》さんが出てきて、頭の傷《きず》に消毒液《しょうどくえき》をぬって脱脂綿《だっしめん》を入れるとそれで終わりです。傷口を縫《ぬ》ってもらうことはできません。にいちゃんもおなじように、かんたんな治療《ちりょう》を受けて終わりでした。

ぼくの頭の開いたままの傷には、その後、ハエがたかってたまごをうんで、うじ虫がわいてたいへんなことになりました。

傷《きず》あとはくっきりと残《のこ》りました。いまでもぼくの頭は、てっぺんからうしろにかけて少しへこんでいます。

戦争《せんそう》は終わった

もうすぐ三歳《さい》のぼくは、頭と両足に大きな傷を負《お》いました。頭を強く打ったせいでしょうか。おさないながら、少しはしゃべれていたことばが、まったくしゃべれなくなりました。それから、以前《いぜん》は歩けたのに、赤《あか》ん坊《ぼう》のようにハイハイしかできなくなりました。便所《べんじょ》にも行けなくなって、オムツをするようになりました。ぼくは、赤ちゃんにもどってしまったのです。

浦上町は、すべての家がたおれ、すべての家が燃《も》えてしまいました。みんなのじまんの大きなクスノキも、燃《も》えつきてあとかたもありません。町そのものが消えてしまったのです。

ぼくたちが避難《ひなん》していた防空壕《ぼうくうごう》のなかには、ラジオがありませんでした。だから、戦争《せんそう》がどうなっているのかわからず、みんな、また爆弾《ばくだん》が落とされるのではないかと心配しながらくらしていました。

防空壕でくらすようになって三日後、茂木に住んでいるふたりの親戚《しんせき》のおばちゃんが、ぼくたちをむかえに来てくれました。かあちゃん、常己にいちゃん、そしてぼくの三人は、茂木に疎開《そかい》することになりました。勝利の遺骨《いこつ》は洗《せん》面器《めんき》に入れて、かあちゃんが運びました。

八月十五日の正午から、天皇陛下《てんのうへいか》が戦争の終わりをつげる玉音《ぎょくおん》放送が、日本全国に流れました。日本は戦争に負けましたが、これでもう、長崎の町に爆弾を落とされることはなくなったのです。

長崎では、約十五万人の人々が被爆《ひばく》し、この年のうちに七万四千人近くが亡《な》くなりました。

浦上町では、およそ九百人のうち三百人がこの年のうちに亡くなり、三百人近くが生死不明《ふめい》になりました。生きのこった人たちも、家をなくしてふるさとをはなれました。

にいちゃんのさいご

このころ、だんだんようすがおかしくなっていたのが常己にいちゃんです。にいちゃんは、けがをした右腕《みぎうで》にぼろぎれをまいていましたが、いっこうに出血が止まりません。ぼくの頭とおなじように、手首にハエがたかり、うじ虫がわきはじめました。

かあちゃんは、茂木にひっこすと、すぐににいちゃんを近くの小さな病院につれていきました。お医者さんは「こがんひどかけんが、どうにもできんばい」と言ったそうです。そこでつぎの日、赤十字《せきじゅうじ》の診療所《しんりょうじょ》につれていったのですが、この日はたまたま血が止まっていて、消毒以外《しょうどくいがい》にはなにもしてくれませんでした。

数日たつと、にいちゃんは、こんどはひきつけを起こしはじめました。手や足がとつぜんつっぱり、全身が硬直《こうちょく》してしまうのです。近くの病院に緊急《きんきゅう》入院しました。

入院してまもなく、にいちゃんの顔がはれてきました。体も風船のようにふくれてしまいました。いまにして思えば、原爆《げんばく》で放射線《ほうしゃせん》をあびたせいにちがいありません。放射線には色もにおいもありませんが、体のなかの細胞《さいぼう》を傷《きず》つけ、がんなどの病気をひき起こすのです。

にいちゃんの全身のはれは、日に日にひどくなっていきました。口のなかがあれて、食べものをのみこめなくなり、片栗粉《かたくりこ》を水でとかしたものしか、のどを通らなくなりました。

すっかり弱りはてたにいちゃんは、かあちゃんにこう言ったそうです。

「助からんとやったら、勝利といっしょに焼《や》け死《し》んどればよかった。かあちゃんね、もう見舞《みま》いに来んでいいよ」

そして、こうつぶやきました。

「たまごかけごはんば、はらいっぱい食べたか」

それが、さいごのことばだったそうです。

原爆《げんばく》が落ちて約《やく》一か月後の九月十六日、にいちゃんは、永遠《えいえん》に帰らぬ人になりました。わずか十年の生涯《しょうがい》でした。

第二章

「ハゲ」「カッパ」「ゲンバク」とよばれて

ふたつの誕生日《たんじょうび》

ぼくは、誕生日をふたつ持っています。

ひとつは、一九四二年十月四日、かあちゃんがぼくをうんでくれた日です。

そしてふたつめの誕生日は、一九四五年八月九日、原爆《げんばく》投下の日です。

この日をさかいに、ぼくはことばをしゃべることができなくなりました。歩けなくなりました。兄弟もいなくなりました。住む場所もなくなりました。そして、記憶《きおく》そのものもなくしてしまいました。

リセットボタンを知っていますか。それを押《お》すと、すべてのデータが消えてしまうボタンのことです。原子爆弾《げんしばくだん》は、ぼくにとってのリセットボタンだったのです。だから、原爆投下の日は、ぼくのふたつめの誕生日なのです。

原爆《げんばく》で家をなくしたぼくとかあちゃんは、茂木町《もぎまち》のばあちゃんの家にひっこしましたが、母屋《おもや》に入れてもらうことはできず、軒《のき》さきの納屋《なや》でくらすことになりました。物置《ものおき》として使われていた小屋をあてがわれ、床《ゆか》にゴザをしいてくらすことになったのです。正子《まさこ》ねえちゃんと博昭《ひろあき》にいちゃんは、ほかの親戚《しんせき》にひきとられました。

ばあちゃんはとうちゃんの母親なので、かあちゃんはいろいろと気をつかっていました。でも、茂木は漁師町《りょうしまち》で魚もとれるし、畑もあって野菜《やさい》もたくさんある。このままここでくらしていけたらいいなあと、かあちゃんは思っていました。ところが、うまくいきませんでした。

ぼくたちが「ピカドン」だったからです。

「ピカドン」は、戦争《せんそう》が終わったころにできたことばです。さいしょは、原爆そのものをさすことばとして使われました。でも、そのうちに、

「ピカドンの近くに行くと、放射能《ほうしゃのう》がうつる」

そんなふうに、被爆《ひばく》しなかった人が被爆した人を差別《さべつ》して言うときにも、使われるようになりました。ほんとうはそんなことないのに、です。

茂木では、浦上《うらかみ》の方向をさして「ピカドンはあっちにたくさん住んどると」と言う人もいて、かあちゃんをギクッとさせました。

茂木に行ってしばらくして、ぼくの頭に変化《へんか》が起きました。髪《かみ》の毛《け》がぬけはじめたと思ったら、たった一週間で、ぜんぶぬけてしまったのです。これはあきらかに、原爆の放射能をあびた影響《えいきょう》です。

ばあちゃんは、かあちゃんに言いました。

「なんで、髪の毛がぬけると?」

ばあちゃんは、ぼくのことを、うす気味わるく見ていました。

ぼくたちが来たのは迷惑《めいわく》だったようです。ぼくたちがいることで、ばあちゃんも「ピカドン」の親戚《しんせき》という目で見られ、差別《さべつ》を受けるかもしれなかったからです。

だからばあちゃんは、かあちゃんにこう言いました。

「ぜったいに浦上から来たと言ってはいけんとよ」

それからかあちゃんは、近所の人とつきあわなくなりました。

とうちゃんが帰ってきた

戦争《せんそう》に負けて二か月後、とうちゃんが戦地から帰ってきました。戦場でなんども死ぬ思いをしたそうですが、よく帰ってこられたなと思います。

とうちゃんは、ぼくたちが納屋《なや》でくらしているのを見ておどろきました。そして母親であるばあちゃんに、おこってこう言いました。

「なんで、こげんなとこにおしこめたと？」

ばあちゃんは、つぶやきました。

「しかたがなかたい」

とうちゃんは、かあちゃんに言いました。

「こんな家には、もうおられん」

かあちゃんはうつむいてだまったままでした。とうちゃんの気持ちは決まりました。

「行こう」

とうちゃんは、荷ほどきもしないまま、ぼくたちをつれて茂木をあとにしました。仕事も住む場所も、あてはまったくありませんでした。

一家三人で向かったのは、長崎市《ながさきし》の中心部でした。

「大浦《おおうら》に行けば、なんとかなるけん」

とうちゃんがかあちゃんにそう言いました。大浦町《おおうらまち》は、長崎港《ながさきこう》の近くの港町で、港ではたらく人たちや、肉体労働《ろうどう》の人たちが多く住んでいました。酒びたりのよっぱらいや、職《しょく》をなくしたホームレスの人たちもいました。

とうちゃんは、戦争中《せんそうちゅう》、大浦の防空壕《ぼうくうごう》で靴《くつ》の修理《しゅうり》をしていたこともあり、知りあいが何人かいました。

道を歩いていると、とうちゃんに声がかかります。

「中村《なかむら》さん、元気ですか」

朝鮮《ちょうせん》出身のゲンさんというおじさんでした。ゲンさんは、ドブロクという密造酒《みつぞうしゅ》をつくっていて、はぶりがよかったようです。とうちゃんが家や仕事をさがしていることを話すと、すぐにこう言いました。

「うちに来んね」

ゲンさんの家は大きな家で、戦争中は炭鉱《たんこう》ではたらいていた朝鮮や中国《ちゅうごく》の人たちが、たくさん住んでいました。ぼくたち家族も、しばらくゲンさんの家でくらすことになりました。

もういちど靴《くつ》をつくる仕事をしたいと考えていたとうちゃんが、防空壕《ぼうくうごう》をのぞきに行ったところ、すみのほうに道具がそのまま置《お》いてありました。とうちゃんは、その場所で靴のお店を始めることにしました。

その後、ゲンさんの紹介《しょうかい》で、べつの家を借《か》りることになりました。十五の家族が軒《のき》をつらねる古い長屋でした。大家《おおや》さんからは、「ぜったいに火を出さないようにたのむばい。それが貸《か》す条件《じょうけん》やけん」ときびしく言われました。

博昭にいちゃんは、めんどうを見てくれていた親戚《しんせき》の人が原爆《げんばく》の後遺症《こういしょう》で亡《な》くなったため、またいっしょに住むことになりました。六畳《じょう》と四畳半の二部屋しかなくて、四人でくらすにはせまかったのですが、住む場所が見つかっただけでもありがたかったです。

それまでその家にくらしていた中国人の家族は、ぼくたちがまずしいことを知っていて、生活に必要《ひつよう》な道具をぜんぶ残《のこ》しておいてくれました。ちがう国の人たちのやさしさにふれ、かあちゃんはほっとしていました。

とうちゃんが帰ってきて一年後、妹の加世子《かよこ》が生まれました。元気いっぱいの赤ちゃんで、家のなかがいっきにあかるくなりました。

かあちゃんには、死んだ勝利《まさとし》の生まれかわりに思えたのかもしれません。なにごともなく元気に育ってくれ。そう思いながら、妹に乳《ちち》をあげていたそうです。

「ハゲ」という名前

階段《かいだん》がある急な坂道が、記憶《きおく》をなくしてしまったぼくのいちばん古い思い出です。ぼくの記憶《きおく》は、小学校に入学するころから、だんだんはっきりとしてきます。

家の近くには、いまでは観光地《かんこうち》として有名な、大浦天主堂《おおうらてんしゅどう》という教会やグラバー園《えん》などがありました。そのあたりは原爆《げんばく》の被害《ひがい》をほとんど受けていなくて、戦前《せんぜん》の建物《たてもの》がそのまま残《のこ》っていました。

一九四九年四月、ぼくは小学校に入学しました。いまの大浦小学校《おおうらしょうがっこう》の場所にあった南大浦小学校《みなみおおうらしょうがっこう》です。入学まえにかあちゃんが、小学校までの道をなんどもなんどもいっしょに歩いてくれたおかげで、ひとりで行けるようになりました。

入学してさいしょにこまったのが、読み書きができないことです。まわりのみんなはひらがなを書けたのに、ぼくはなかなかおぼえることができませんでした。

さらにこまったのは、ぼくの頭に髪《かみ》の毛《け》がなかったことです。茂木のばあちゃんの家でぜんぶぬけてしまった髪の毛は、それからまったくはえてきませんでした。

入学してしばらくは、先生は「中村由一《よしかず》くん」と言って、出席《しゅっせき》をとりました。でもあるとき、クラスの男子がこう言いました。

「先生、中村由一とよばんでよかとよ」

先生が「なしてね？」と聞きかえすと、その子はこう言いました。

「みんな、中村を『ハゲ』と言ってる。だから、『ハゲ』でよかとばい」

すると先生は笑《わら》いながら、「そうねえ、『ハゲ』たいね」と言いました。

それ以来《いらい》、先生はぼくのことを、名前ではなく「ハゲ」とよぶようになりました。それから二年生が終わるまでのあいだ、先生はいちどもぼくを、名前でよんでくれませんでした。

ぼくの頭がよほどめずらしかったのでしょうか。休み時間になると、ちがうクラスの先生たちが見学に来るようになりました。いちばんはじめに来たのは校長先生です。先生たちがひととおり見学を終えると、こんどは五、六年生が見に来ました。

学校に行くのがすっかりいやになりました。でも、かあちゃんの顔を見ると、行かないとは言えませんでした。

とうちゃんとお酒

「あんたんとこのとうちゃんな、外で寝《ね》とらしたばい」

近所のおばちゃんが、そんなことをかあちゃんに言っていたのをおぼえています。おどろいて見に行くと、道路のまんなかに、よっぱらったとうちゃんが寝ていました。

とうちゃんは、なによりもお酒が大好《だいす》きでした。でも、お酒が手に入りやすくなったのは、大浦にひっこしてしばらくたってからのことです。

あるとき、酒を買ってきたかあちゃんがこう言いました。

「こんなふうに、酒が買えてうれしかばい」

ふだんから、とうちゃんの大酒飲みに苦労《くろう》させられているのに、へんなことを言うなと思いました。「なして？」と聞きかえすと、こう言われました。

「まえは、おつりを手でわたしてもらえんやったけん、ほうり投げられたとよ。わたしだけでなく、浦上町《うらかみまち》の人はみんなおなじようにされたんよ」

浦上町に住んでいたときは、近所に酒屋さんがなかったので、かあちゃんはとなり町まで酒を買いに行った。でもそのお店では、いつもいじわるをされていた。ということだったのです。

「だから、酒を買いに行くのがいやでしかたなかったと。そげんせんでもいいとにね。大浦の酒屋さんは、そげんことせんけん。酒が買いやすか」

ぼくはこのとき、かあちゃんの言おうとしていることがよくわからず、へんな酒屋さんだなあ、ぐらいにしか感じませんでした。そののち、なぜ酒屋さんにそんなことをされたのか、わかるときがやってきますが、それはぼくが中学生になってからのことでした。

とうちゃんは酒の飲みすぎで、体をこわしてしまいます。検査《けんさ》を受けたら、胃潰瘍《いかいよう》ということでした。そして、二番めの妹の恵子《けいこ》が生まれた一か月後に、死んでしまいました。ぼくが小学一年生のときのことでした。

お葬式《そうしき》には、朝鮮や中国の人たちも参列《さんれつ》してくれました。ゲンさんがとうちゃんの体をだきながら、ひとばんじゅう泣《な》きじゃくっていたのを、とてもよくおぼえています。

「な」「か」「む」「ら」「よ」「し」「か」「ず」

三年生になったころ、うれしいことがありました。髪《かみ》の毛《け》が少しだけはえてきたのです。でも、原爆《げんばく》が落ちた日にできた、頭のまんなかからうしろにかけての傷《きず》のところは、はげたままでした。だから、うしろから見ると髪の毛は、わっかのような形になっていました。

先生がみんなのまえで言いました。

「ハゲに髪の毛がはえてきたと。よーく見とってみろ」

みんなの視線《しせん》が、ぼくに集まるのを感じました。心がいたくていたくてたまりませんでした。

ぼくの名前は「ハゲ」から「カッパ」にかわり、担任《たんにん》の先生は出席《しゅっせき》をとるときに、「カッパ」とよぶようになりました。

三年生になっても、ぼくはひらがなの読み書きができませんでした。教科書もあたらしいのを買えなくて、近所の子のお下がりでした。そのころはいまとちがって、教科書は無料《むりょう》ではありませんでした。

みんなの教科書と書いてあることがちがったので、宿題を出されても、することができません。先生は、宿題をしてこないぼくに、水がいっぱい入ったバケツを持たせて、毎日のように教室のうしろに立たせました。

身なりでも苦労《くろう》しました。服も近所の子のお下がりだったのですが、古かったせいで、すぐにやぶれてしまいます。そのたびにかあちゃんは、どこからかおなじような色の布《ぬの》を見つけてきて、やぶれた部分につぎあてをしてくれました。だから、ぼくの服は上から下までつぎはぎだらけでした。同級生たちのだれも、そんなかっこうをしている人はいませんでした。

「カッパは、みすぼらしかとね」

「どげんして、ズボンの右と左と色がちがうと」

そんなふうにからかわれました。

学校でなんて言われているのかを知らないかあちゃんは、「服はやぶれておらんやったら、それでじゅうぶんたい。色がちがっていても、よかろう」と言いました。ぼくはなにも言いかえすことができませんでした。

そんなある日、学校から家に帰ると、妹の加世子が、広告《こうこく》のうらにえんぴつでなにかを書いていました。

「なかむらかよこ」

まだ五歳《さい》の加世子は、学校に入学するまえでしたが、近所のおばさんに教えてもらったひらがなで、名前を書いていたのです。

こまったような顔をしているぼくを見て、加世子はもういちど、ゆっくりと

「な」の字を書きました。

「これが、なかむらの『な』たい」

加世子はつづいて「か」「む」「ら」の書きかたを教えてくれました。

字が書けるのっていいな。

そう思ったぼくは、妹がひらがなを教わった近所のおばさんのところに行きました。そして、「よ」「し」「か」「ず」の書きかたを教わりました。

ようやくぼくは、自分の名前をひらがなで書けるようになったのです。

ヨイトマケの子ども

かあちゃんといっしょに、ごはんを食べた記憶《きおく》がありません。かあちゃんは、ゆっくり食事もできないぐらい、一日中はたらいていました。毎朝、職《しょく》業安定所《ぎょうあんていじょ》に行って仕事をもらい、建築《けんちく》や道路工事の現場《げんば》などで肉体労働《ろうどう》をしていました。

そういう仕事のことを「ヨイトマケ」ともいいます。重いものを持ちあげるときの、かけ声からつけられた名前です。

みなさんは、『ヨイトマケの唄《うた》』を知っていますか。長崎出身の美輪明宏《みわあきひろ》さんという歌手がうたっている流行歌で、そのなかにこんな歌詞《かし》があります。

ヨイトマケの子《こ》ども　きたない子どもと
いじめぬかれて　はやされて
くやし涙《なみだ》に　くれながら
泣《な》いて帰った　道すがら
母《かあ》ちゃんの働《はたら》く　とこを見た

母《かあ》ちゃんの働《はたら》く　ところを見た

かあちゃんは、ヨイトマケから帰ってきても、すぐにでかけ、近所のバケツ屋さんではたらきました。

四年生になってしばらくしたころ、かあちゃんの仕事ぶりを見てみたくなり、恵子をおんぶして、バケツ屋さんに行ったことがあります。じっと見ているぼくに気づいた親方が、こう言いました。

「由一ちゃん、あんたもしてみんね」

バケツはブリキをハサミで切って、それを木槌《きづち》でたたいてつくります。恵子を親方にあずかってもらい、じっさいに自分でやってみると、ブリキの板からバケツに形がかわっていくのが、とてもおもしろく感じられました。

「いいセンスしとるよ」

そう言ってくれた親方のことばが、いまでもわすれられません。それは、生まれてはじめて、かあちゃん以外《いがい》の人からもらったほめことばでした。

ぼくがかせげば、家のくらしは楽になります。その日以来、平日の夜はかあちゃんといっしょに、バケツ屋さんではたらくことになりました。

バケツづくりは力がいる仕事でしたが、小学校から帰ってくると、すぐに店にかけつけました。自転車にリヤカーをくりつけて、ピカピカにかがやくバケツをのせ、とどけてまわったこともあります。いそがしいときは、家に帰るのが夜の十時をすぎることもありました。夕ごはんは、妹の加世子がつくりました。

中学校を卒業《そつぎょう》して就職《しゅうしょく》するまで、この仕事をつづけました。とにかく毎日がいそがしかった。だから、勉強はぜんぜんしませんでした。宿題をせずに立たされてばっかりでしたが、学校は休みませんでした。先生も、ぼくが夜おそくまではたらいていることは、うすうす気づいていたと思います。そんな生活でしたから、ともだちなんかひとりもできません。そして、ぼくへのいじめも、進級するにつれてはげしくなっていきました。

「カッパが買ってこんね」

いまも夢《ゆめ》に出てきます。

ある秋の日のこと。大雨のなか、かさをさして学校に行くと、校庭のまんなかに、ぼくのつくえといすが置《お》いてありました。

みんなはつくえといすとぼくを、かわるがわるに指さして、クスクス笑《わら》っています。涙《なみだ》は出ませんでしたが、なぜこんなことをされなければならないんだろうという、くやしい思いでいっぱいでした。

ぼくは便所《べんじょ》にかけこみ、午前中はずっととじこもっていました。

午後になっても雨はやみません。ぼくは雨にぬれながら、つくえといすを教室に運びました。もちろん、だれも手伝《てつだ》ってくれませんでした。

こんなこともありました。

学校の授業《じゅぎょう》で、カレーをつくることになったのですが、なぜかぼくの班《はん》だけカレー粉《こ》がありません。

みんながぼくに言いました。

「カッパが買ってこんね」

ぼくは、言いかえすこともできず、同級生から小銭《こぜに》を受けとって市場《いちば》に向かいました。足が不自由《ふじゆう》でしたから、とても時間がかかります。学校にもどったときには、もう昼休みになっていました。

ぼくは教室にもどりました。すると、びっくりしたことに、ぷーんとおいしそうなカレーのにおいがするのです。どうやらみんなは、カレーライスを食べたようです。でも、ぼくのぶんのカレーは残《のこ》っていなくて、ごはんだけがありました。ぼくは白いごはんだけで、その日の昼食をすませました。

どうしてカレー粉《こ》がないのにつくれたんだろう……。

あとで聞かされましたが、ぼくがいなくなってから、だれかがカレー粉を「見つけた」のだそうです。たぶん、かくしていたんだと思います。くやしかったけど、ぼくはだれにもなにも言いませんでした。

なんでこんなに、いじめられるんだ……。

ぼくは、はじめて強い疑問《ぎもん》を感じました。家に帰ってからも、涙《なみだ》が流れて止まりませんでした。

まずしいから？

髪形《かみがた》がかわっているから？

勉強ができないから？

なんで、なんで、というさけび声で、心のなかがいっぱいになりました。

三つめの名前

五年生になると、ぼくはまたあたらしい名前をもらいました。

三つめの名前は「ゲンバク」でした。

大浦に来たときから、ぼくは浦上町出身であることと、被爆者《ひばくしゃ》であることをかくしつづけてきました。

でも、担任《たんにん》の先生は知っていたはずです。きっと同級生たちのあいだにも、うわさが広がっていたにちがいありません。

それでも四年生までは、先生はそのことを言わないでくれました。

ところが五年生になって、ぼくの髪《かみ》の毛《け》がはえそろい、「ハゲ」でも「カッパ」でもなくなったある日、先生はみんなのまえでこう言ったのです。

「きょうから『カッパ』はあたらしい名前になりそうですよ」

同級生たちの何人かは知っていたようで、わくわくした目で先生を見つめます。

「あたらしい名前は『ゲンバク』です」

教室じゅうにみんなの笑《わら》い声《ごえ》がひびき、こうはやしたてられました。

「ゲンバク」

「やい、ゲンバク」

「おい、ゲンバク」

ショックでした。「ハゲ」や「カッパ」はまだしも、あの苦しい体験《たいけん》をあだ名にされるとは思わなかったからです。原爆《げんばく》の被害《ひがい》が少なかった大浦の人たちは、原爆《げんばく》のおそろしさをよく知らなかったのだと思います。原爆が爆発した浦上という場所を、長崎とは思いたくないと考えていたようです。そうでなければ、クラスでただひとりの被爆者《ひばくしゃ》のぼくに向かって、「ゲンバク」なんてひどいよびかたが、できるはずがありません。

だれかに相談したい、と思いました。でも、仕事からつかれはてて帰ってきて、うたた寝《ね》をしているかあちゃんには、とてもうちあけられません。

ぼくはぼくの気持ちを、心のおく深くにしまいこみました。

「ゲンバクとよんでくれんね」

一九五五年三月十九日。雲ひとつないよく晴れた日、南大浦小学校の卒業《そつぎょう》式《しき》がおこなわれました。

体育館のなかに、六年生全員がすわっています。壇上《だんじょう》の担任《たんにん》の先生が、あいうえお順《じゅん》で名前をよぶと、よばれた人は「はい」と返事をして、つぎつぎと起立をしていきます。

ぼくは、まえの日の予行演習《よこうえんしゅう》を思いかえしていました。先生は、ぼくのことをこうよびました。

「中村由一」

とてもふくざつな気持ちでした。それまでは、「ハゲ」と「カッパ」と「ゲンバク」がぼくの名前でした。だから、いまさら「中村由一」とよばれても返事なんてできないや、という気持ちがしました。それで予行演習では、名前をよばれても、返事をせずにすませていました。

そしてむかえた卒業式《そつぎょうしき》の本番の日、いよいよぼくの順番になりました。先生に「中村由一」とよばれました。

ぼくは、立ちあがりませんでした。

「カッパ」や「ハゲ」とよばれたのなら、「はい」と返事をして立っていたと思います。あるいは「ゲンバク」でもいいです。でも先生は、みんなのおとうさんやおかあさんが来ているところで、「ゲンバク」とはよべませんでした。

ぼくは、立たない勇気《ゆうき》を選《えら》びました。

卒業式《そつぎょうしき》が止まってしまいました。先生がぼくのところにやってきました。ぼくにはいままで見せたことのない、やさしい顔をしています。

ぼくは少し考えて、

「先生、ゲンバクとよんでくれんね」

きっぱりと言いました。

先生はそのことばが聞こえなかったように、こう言いました。

「きょうは、中村由一になってください。わたしはあなたの名前をよびました

よ。うしろにおかあさんが来とっとでしょ」

ふりかえると、かあちゃんが遠くから、心配そうな表情《ひょうじょう》でぼくを見つめています。ほかのおとうさんやおかあさんたちも、ぼくのことを見ています。卒《そつ》業式《ぎょうしき》で名前をよばれても返事をしないぼくは、不良《ふりょう》だと思われたはずです。

かあちゃんの気持ちを考えて、ぼくは思いなおしました。壇《だん》にもどった先生に名前をよばれると、ぼくは「はい」と返事をして、立ちあがりました。

なにかに負けた気持ちがしました。

かあちゃんの卒業証書《そつぎょうしょうしょ》

勉強ができなかったぼくですが、卒業証書はもらうことができました。

さいごの学級会が終わると、いよいよこれで小学校ともお別《わか》れです。でも、つらい思い出しか残《のこ》っていない学校にもう来ないでいいと思うと、ちょっとほっとした気持ちがしました。

帰りのしたくを終えたら、教室にはもうだれもいません。校門のまえまで行くと、同級生のみんなは担任《たんにん》の先生とお別れのあいさつをしていました。声をかけてくれるともだちはいなかったので、ぼくはひとりで校門を出ました。

校門の外に同級生がひとり、ぽつんと立っていました。タクミくんです。そのタクミくんが、ぼくに声をかけてきました。

「おーい、中村。おーい、由一くん」

タクミくんもきのうまでは、ぼくのことを「ゲンバク」とよんでいたのに、ほんとうの名前でよんでくれました。ぼくはふりむきました。タクミくんは満《まん》面《めん》の笑《え》みをうかべています。六年かかって、はじめてともだちができるかもしれないと思い、ぼくはうれしい気持ちになりました。

タクミくんが、こう言いました。

「卒業証書《そつぎょうしょうしょ》ば、見せっこしよう」

ぼくは、自分の卒業証書をタクミくんにわたしました。ところが、ぼくがタクミくんの卒業証書を受けとろうとしたとき、おどろくことが起こりました。タクミくんはぼくをふりきり、ぼくの卒業証書をかかえたまま、同級生の輪《わ》のなかに走りさったのです。タクミくんがなにをしようとしているのか、まったくわかりませんでした。

タクミくんは、ぼくの卒業証書を、先生の頭より高くかかげてなにかを言っています。同級生のあいだで拍手《はくしゅ》が起こりました。先生もいっしょになって拍手をしています。ぼくはみんなから祝福《しゅくふく》されているんだと思いました。

でも、その拍手は、ぼくではなくタクミくんに向けられたものでした。みんなのようすから、タクミくんが、ぼくの卒業証書《そつぎょうしょうしょ》をやぶることができるかどうか、かけをしているのがわかったのです。

このままでは、卒業証書がやぶられてしまう。

卒業証書をもらったときに、ぼくがなにを思ったかといえば、「これはかあちゃんの卒業証書だ」ということでした。

かあちゃんは、昼間はヨイトマケの仕事をして、夜はバケツ屋さんではたらきました。かあちゃんははたらいてはたらいて、ぼくと妹を学校に行かせてくれました。文字の読み書きができなくても、差別《さべつ》に負けないでたたかいました。だから、この卒業証書は、ぼくではなくてかあちゃんがもらうべきだと思ったのです。

ぼくのなかに力がわいてきました。走っていって、タクミくんがやぶりかけた卒業証書をうばいかえしました。

「ワォー、ワォー」

ことばにならないわめき声をあげながら、自分でもびっくりするくらいの力で、タクミくんをつき飛《と》ばしました。ふだんはおとなしいぼくがすごい剣幕《けんまく》だったので、みんなおどろいたと思います。

タクミくんは、校庭にうずくまっています。ぼくはたちまち、みんなにつかまえられてしまいました。でも、卒業証書《そつぎょうしょうしょ》はけっして手ばなしませんでした。

タクミくんたちが家に帰ってしまうと、校庭にいるのはぼくだけになりました。あとで考えても、なぜそうしたかわからないのですが、ぼくは小学校の校門にふかぶかとおじぎをしました。

卒業証書が入った筒《つつ》をだきかかえて家に帰りました。ぼくよりはやく帰っていたかあちゃんは、昼ごはんの準備中《じゅんびちゅう》でした。

由一《よしかず》少年の小学校の卒業証書《そつぎょうしょうしょ》です。「修《しゅう》」の字と「証《しょう》」の字のあいだの切れめが、卒業式の日にやぶかれたところです。

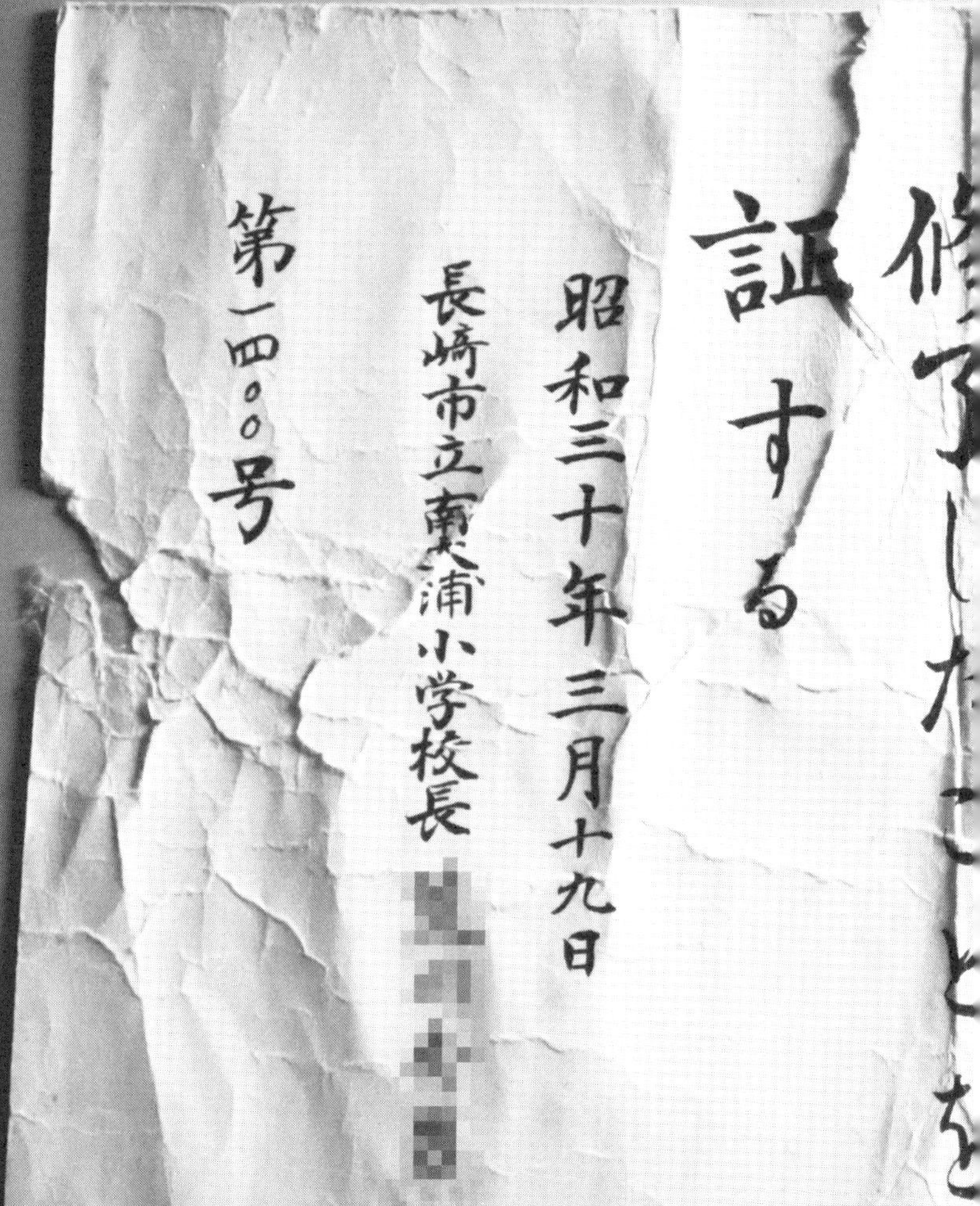

修了したことを
証する
昭和三十年三月十九日
長崎市立南大浦小学校長 [redacted]
第一四〇〇号

「かあちゃんの卒業証書《そつぎょうしょうしょ》だから」

ぼくはそう言って、かあちゃんに筒《つつ》ごと卒業証書をわたしました。卒業証書を取りだしたかあちゃんは、たてに七センチほどやぶれていることに気づきました。ぼくは学校から帰ってくるときに、道でこけてやぶれてしまったと、苦しまぎれのつくり話をしました。

「筒に入れてあるのに、なんでこけたぐらいでやぶれるのかい」

いつもならうそを許《ゆる》さないかあちゃんですが、この日はそう言っただけで、ぼくのうそを許してくれました。

かあちゃんは、卒業証書をきれいにのばすと、とうちゃんの仏壇《ぶつだん》にそなえました。

第三章

「被差別部落《ひさべつぶらく》」を知っていますか

中学入学と原爆手帳《げんばくてちょう》

肩《かた》はば、そでたけ……、仕立て屋さんが巻き尺《まじゃく》を使って、つぎつぎに測《はか》っていきます。よこにいるかあちゃんも、ニコニコしています。

ぼくは生まれてはじめて、あたらしい服にそでを通しました。かあちゃんが、なけなしのお金で、中学校のツメえりの制服《せいふく》を買ってくれたのです。

一九五五年四月、ぼくは長崎市立梅香崎中学校《ながさきしりつうめがさきちゅうがっこう》に入学しました。入学式の朝、仕立てたばかりの学生服にそでを通したときのうれしさは、いまでもわすれられません。自分がおとなになったような気持ちがしましたし、もう服のことで、とやかく言われることがなくなると思うと、ひと安心でした。

梅香崎中学校には、地域《ちいき》の三つの小学校の卒業生《そつぎょうせい》が入学します。新一年生は、進学組と就職組《しゅうしょくぐみ》にわけられました。ぼくは、かあちゃんを助けるために一日もはやく、お金をかせげるようにならなくてはならないと思い、就職組を選《えら》びました。勉強も得意《とくい》ではなかったので、高校進学はまったく考えていませんでした。

ぼくには小学校に入学するまえから、毎年一回、通っていた場所があります。戦後《せんご》、日本《にっぽん》を占領《せんりょう》していたアメリカ政府《せいふ》などによってつくられたＡＢＣ《エービーシー》Ｃ《シー》（原爆傷害調査委員会《げんばくしょうがいちょうさいいんかい》）です。ＡＢＣＣは、被爆者《ひばくしゃ》の健康状態《けんこうじょうたい》をチェックするために、ぼくたちの定期検診《けんしん》をしていたのです。あくまでも調査ですから、病名は教えてくれるのですが、なおしてくれることはありませんでした。

そのころのぼくは、喘息《ぜんそく》になやまされていました。中学に入ったときに受けたＡＢＣＣの検査で、被爆の後遺症《こういしょう》だとわかりました。被爆者の多くが、おなじような症状になやまされていることもわかりました。でもお金がなかったので、病院で治療《ちりょう》することができませんでした。

十五歳《さい》になったときのことです。いつものようにABCCの定期検診《けんしん》に行くと、お医者さんがこう言いました。

「中村《なかむら》さん、原爆手帳《げんばくてちょう》をもらったらどうね」

原爆手帳というのは、被爆者《ひばくしゃ》に国が発行する手帳で、正式には「被爆者健康《ひばくしゃけんこう》手帳《てちょう》」といいます。これを持っていると病院代などがかからないのですが、お医者さんに言われて、そういう手帳があることをはじめて知りました。

家族で市役所にでかけ、原爆手帳をもらう手続《てつづ》きをしました。ぼくの手帳には「第1号」と書かれていました。これは、原爆投下の日に「直接被爆《ちょくせつひばく》」したことをあらわします。ちなみに「第2号」は、原爆が落とされてから二週間以内《いない》に、爆心地の近くにやってきて「入市被爆《にゅうしひばく》」したことをあらわします。

かあちゃんは、この「第2号」にあたります。ぼくの手帳には、爆心地から

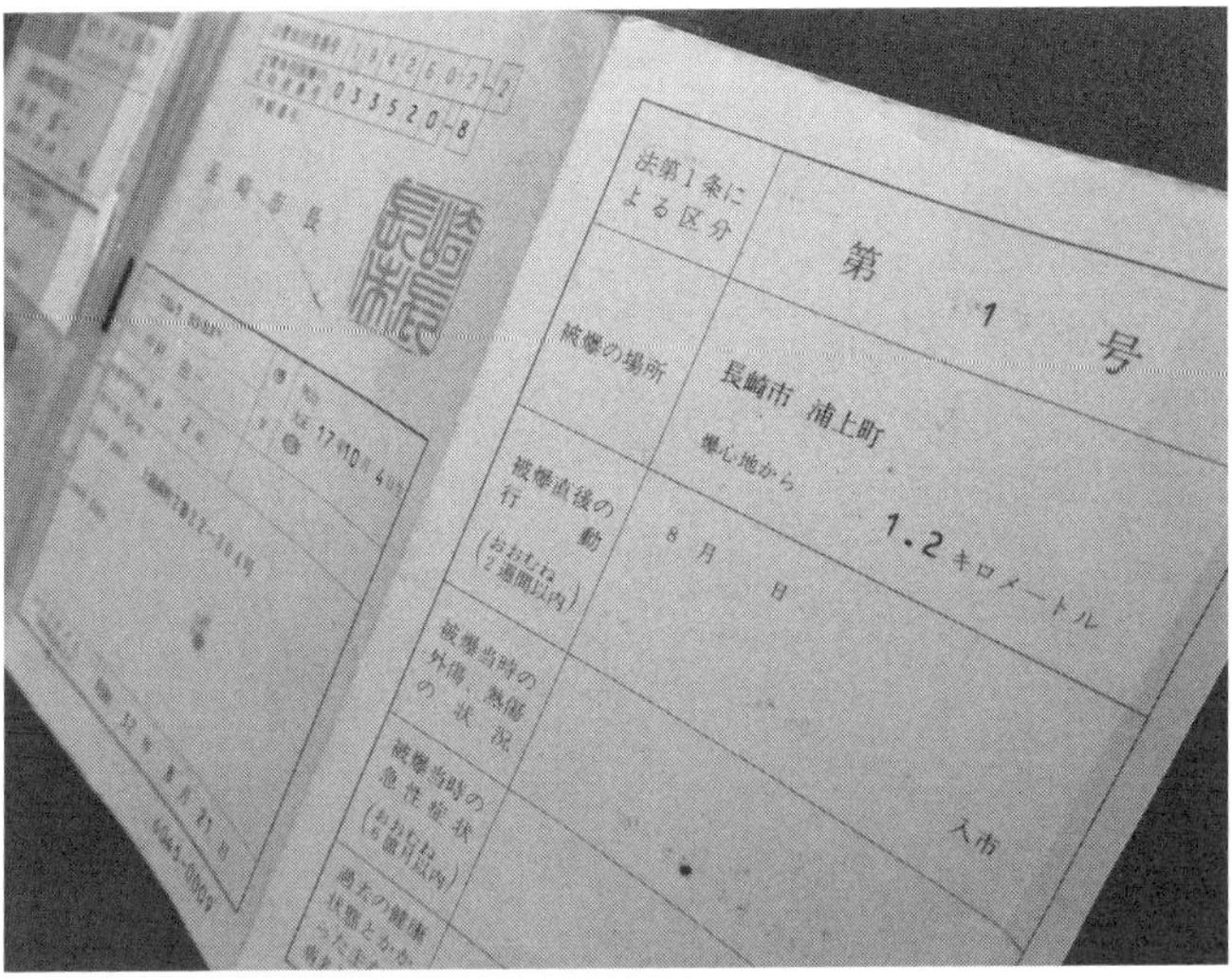

これが、中村さんの原《げん》爆《ばく》手《て》帳《ちょう》です。爆心地から1.2キロのところで被《ひ》爆《ばく》したことが書いてあります。

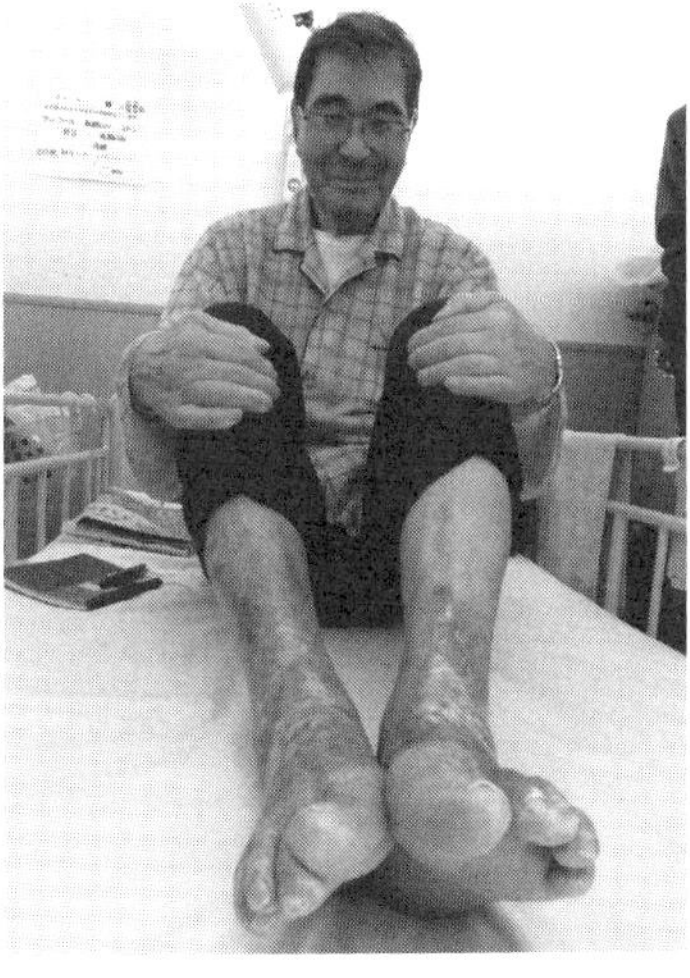

中村さんは、足のスネから下の部分に、大やけどを負《お》いました。

一・二キロのところで被爆《ひばく》したことも書かれていました。

爆心地から二キロまでのところにいた人は、病院代と薬代が無料《むりょう》になります。医療費《いりょうひ》の心配がなくなり、長年なやまされていた喘息《ぜんそく》の治療《ちりょう》を受けられるようになりました。

船づくりの夢《ゆめ》

小学生のころから、港に行くのが大好《だいす》きでした。

「いつか、こげんな船ばつくってみたかね」

船をながめているうちに、そんな夢《ゆめ》をいだくようになりました。低《ひく》くて重い汽笛の音がひびくと、ぼくの気持ちはたかぶりました。

中学三年生になると、就職組《しゅうしょくぐみ》の生徒《せいと》たちは、自分の進路を決めなくてはなりません。戦争《せんそう》が終わってから、十年以上《いじょう》がたっていました。日本は復興《ふっこう》が進み、人手がたりない会社も多く、中学を卒業《そつぎょう》してすぐに就職《しゅうしょく》する学生は「金のたまご」とよばれていました。

ぼくは、長崎でいちばん大きな造船所《ぞうせんじょ》を希望《きぼう》しました。ところが、そのことを知った担任《たんにん》の先生は、おどろいた顔でこう言うのです。

「おい、中村、それはやめとけ」

そして、あわてた表情《ひょうじょう》でつけ加《くわ》えました。

「おまえの学力だとむずかしいけん、ほかの会社ば、受けんや」

先生は、なにかをかくしているみたいでした。

でもぼくは、先生を説得《せっとく》して、試験《しけん》を受けることにしました。

学力試験は、とにかくむずかしかったですね。ぼくは漢字が苦手だったので、文章を読むのに時間がかかりました。もっと、勉強しておけばよかったと反省《はんせい》したのですが、手遅《ておく》れでした。

それでも、合格《ごうかく》通知が来たのです。まさか、と思いました。あとで知ったのですが、ネコの手も借《か》りたいぐらい人手を必要《ひつよう》としていた造船所は、受験者《じゅけんしゃ》をほぼ全員、採用《さいよう》しようとしたそうです。

ぼくはもちろんうれしかったのですが、かあちゃんが喜《よろこ》んでくれたのが、なによりうれしかった。あこがれの会社に入れると思うと、鼻高々でした。先生は、ぼくが学力試験《しけん》に受かったことに、とにかくおどろいていました。

残《のこ》るは面接《めんせつ》です。面接で落とされることはほとんどないと聞いていたのですが、ぼくはしっかりと準備《じゅんび》をしました。ちょうど近所に、その造船所につとめている人がいたので、家に来てもらって面接の練習をしたのです。

「なんでうちの会社を選《えら》んだの？」

「どんな仕事をしたいの？」

「中学校で得意《とくい》な科目はなんですか？」

受けこたえをくりかえし練習しました。かあちゃんもおそい時間までつきあって、お茶を出してくれたりしました。

よこで見ていたかあちゃんがうなずいているので、ぼくは、うん、これでいいんだと思ったのですが、よく見ると、かあちゃんは寝《ね》てしまって、コックリコックリしていた、なんていうこともありました。

あしたがいよいよ本番という日の夜、面接《めんせつ》の先生は、「由一《よしかず》ちゃん、もうだいじょうぶばい」とお墨《すみ》つきをくれました。

「靴《くつ》づくりば、しとりました」

いよいよ面接当日です。朝起きて学生服を着ると、よしやるぞと気がひきしまりました。

面接《めんせつ》会場に入るとぼくのまえには、きちんとした背広《せびろ》すがたのおとなたちがならんでいます。緊張《きんちょう》がいっきにたかまりました。でも、深呼吸《しんこきゅう》をして、練習したやりとりを頭にうかべました。

ところが、面接でまず聞かれたのは、とうちゃんの職業《しょくぎょう》でした。練習していないことを聞かれると、きゅうにドキドキしてきます。

「靴《くつ》づくりば、しとりました」

それでも堂々《どうどう》とこたえました。

「靴はふつうふたりの職人でつくりますが、父はひとりでつくりました」

とうちゃんの技術《ぎじゅつ》のすばらしさを話したつもりだったのですが、面接官《めんせつかん》は興味《きょうみ》なさそうに下を向いていました。

つぎに聞かれたのは、ぼくの生まれた場所についてです。

「浦上《うらかみ》です」

するとの面接官《めんせつかん》はさらに「浦上のどこと?」と問いただしました。ぼくは「浦《うら》上町《かみまち》です」とこたえました。

「面接、終わり」

ぼくは思わず、「え?」と聞きかえしてしまいました。でも、それ以上《いじょう》はなにも聞かれず、面接はこのふたつの質問《しつもん》がすべてでした。みんなおなじようにに短いのかなと思ったのですが、いっしょに帰ろうと言っていた同級生は、ずいぶん長いあいだ面接をしていました。

人からきらわれた仕事

家に帰ってかあちゃんにそのことを話し、「なんで、質問がふたつで終わったとやろうね」と聞くと、かあちゃんはポツリとこう言いました。

「やっぱり部落やからかいな」

部落？　このときぼくははじめて、自分が生まれ育った場所の、きびしい歴《れき》史《し》を知ることになります。

「由一、いまから言うことは、ずっとわすれずに、おぼえていてほしいとよ」

かあちゃんが、浦上町について語りはじめました。

「浦上地区の浦上町は、みんなに差別《さべつ》されてきたところなんよ」

浦上町は、ほかの町にくらしている人から差別を受ける「被差別部落《ひさべつぶらく》」だったというのです。

かあちゃんは、さらにつづけました。

「部落の人は、人からきらわれた仕事もずっとやってきたとよ」

むかしから、牛や馬などの動物の、肉や皮をあつかう仕事は、身分の低《ひく》い人たちがする仕事とされてきたこと、浦上町の人たちは、ずっとそういう仕事をしてきたことなどを聞かされました。

「靴《くつ》は、死んだ動物の皮からつくるとばい、そんな仕事を浦上町の人たちがやったとさあ。だから浦上町の人たちは、そういう目で見られてきたと」

ぼくは大きなショックを受けました。

それから、ふしぎに思いました。

肉はみんな食べるのに、革靴《かわぐつ》はみんなはくのに、なぜそれをあつかう職人《しょくにん》たちが差別《さべつ》されなくてはならないのか、ぼくにはその理由がわからなかったのです。

ぼくはまわりの人と、なにかちがうのか。生まれた場所が理由で、どうして身分が決まってしまうのか。

大きな石が頭の上にふってきたような気持ちでした。

同時に、小学生のときにいじめられた理由がわかったと思いました。

そして、被差別部落《ひさべつぶらく》の人たちは、会社に入ろうとしても希望《きぼう》どおりに就職《しゅうしょく》できないことが多い、大好《だいす》きな人ができても被差別部落出身であることを知った相手の両親に、結婚《けっこん》をやめさせられることが多いなど、かあちゃんは、就職差別や結婚差別のことも教えてくれました。

「だから、あんたもきびしかばいね」

かあちゃんのことばどおり、数日後、不合格《ふごうかく》の通知がとどきました。

学校に行って、先生にそのことを話しました。

「だから、さいしょからだめやと言っておったやろ」

ぼくが浦上町に生まれたことを知っていた先生は、この結果《けっか》をわかっていたようでした。

部落出身者はどんなにがんばっても、希望どおりにはならないんだ。

ぼくはすっかりやる気をうしない、就職《しゅうしょく》活動をやめてしまいました。

同級生はつぎつぎと就職が決まり、つとめ先が決まらないのは、ついに学年でぼくひとりだけになりました。

卒業《そつぎょう》まぎわになると、ぼくのようすを見かねた担任《たんにん》の先生が、社員を募集《ぼしゅう》している会社を見つけてきてくれました。長崎港《ながさきこう》の近くにある、小さな船の修理工場《しゅうりこうじょう》です。

「どうしてうちの会社を希望《きぼう》したのですか」

入社試験《しけん》の面接《めんせつ》で聞かれたのはそれだけでした。

ぼくは正直に「行くところがなかったので、この会社にしました」とこたえました。造船所のときのように、とうちゃんの仕事や出身地を聞かれることはありませんでした。よほどの人手不足《ひとでぶそく》だったようで、その場で合格《ごうかく》を伝《つた》えられました。

大阪《おおさか》旅行

このころ、大阪で仕事をしている博昭《ひろあき》にいちゃんから手紙がとどきました。にいちゃんは、大阪の西成《にしなり》という町で靴職人《くつしょくにん》をしていたのですが、就職祝《しゅうしょくいわ》いに、親子で大阪に遊びに来ないかというさそいの手紙でした。

にいちゃんをたずねると、おおぜいの人が歓迎《かんげい》してくれました。とくにかあちゃんのまわりには、おばちゃんたちが寄《よ》ってきて、「ねえさん、来たね、来たね」と大よろこびでした。

みんな、もともと浦上にくらしていた人たちでしたから、浦上町がまるごとひっこしてきたような感じがしました。

原爆《げんばく》によって、浦上町に人が住めなくなってしまったことは、まえにお話ししたとおりです。すべてが焼《や》けて多くの人たちが移《うつ》り住《す》んだのが、大阪の西成でした。西成では戦前《せんぜん》から、浦上町とおなじように靴《くつ》づくりがさかんでした。空襲《くうしゅう》の被害《ひがい》が小さく、戦後も靴屋さんや工場が残《のこ》っていました。そこへ、焼けだされた浦上町の人たちが、仕事を求《もと》めてひっこしていったのです。

博昭にいちゃんが教えてくれました。大阪でも、被差別部落《ひさべつぶらく》の人たちはきびしい差別にあっていて、希望《きぼう》どおりの就職《しゅうしょく》ができない人が多いこと、しかたなく肉体労働《ろうどう》をする人が多いこと、その日の食事をするのがやっとのまずしい人が多いこと……。

「それが実態《じったい》とよ」

にいちゃんは、つぶやくように言いました。にいちゃんはそのとき、好《す》きな人と結婚《けっこん》できずになやんでいたのでした。大阪の部落の現実《げんじつ》を知り、ぼくは、苦労《くろう》しているのは自分だけではないということがわかりました。

とうちゃんをめざして

はじめての職場《しょくば》は、長崎港のはずれにありました。船のタンクにペンキをぬったり、サビを落としたりするのが、ぼくの仕事です。金属《きんぞく》をとかしてつなぎあわせる溶接《ようせつ》の仕事を、手伝《てつだ》うこともありました。

でも、半年で職をうしないました。会社が倒産《とうさん》してしまったのです。けっきょく給料《きゅうりょう》はいちどももらえず、船をつくるというぼくの夢《ゆめ》は、あっけなくしぼんでしまいました。

家に帰ってかあちゃんと相談したところ、こう言われました。

「靴《くつ》ばつくらんね」

もちろん、靴づくりには親しみがあります。

よし、とうちゃんみたいな職人《しょくにん》になろう。

あたらしい目標《もくひょう》ができて、体のなかに力がわいてくるのを感じました。

ちょうどそのころ、アメリカの基地《きち》がある佐世保《させぼ》の町の近くに住んでいる、遠い親戚《しんせき》にあたる靴職人《くつしょくにん》の人が、弟子《でし》をほしがっているということがわかりました。ぼくは、その親方のところで「丁稚奉公《でっちぼうこう》」をすることになりました。期間は四年。親方の家でいっしょにくらしながら、仕事をおぼえるのです。

ぼくは、「店を持つんだ」という希望《きぼう》に向かって、がんばりました。

ところが、靴づくりをひととおりおぼえたころ、大阪の博昭にいちゃんから、「大阪では靴づくりが下火になってきている。これからは靴は機械《きかい》でつくるようになるから、いまのうちに方向転換《てんかん》したほうがいい」という内容《ないよう》の連絡《れんらく》が、かあちゃんのところにとどいたのです。

正月休みで長崎に帰ったときにその話を聞かされ、ぼくは靴職人の道をあきらめることにしました。親方にはひどくおこられましたが、さいごは送りだしてくれました。

ぼくはふたたび長崎の大浦《おおうら》にもどることになりました。

郵便局員《ゆうびんきょくいん》になる

大浦で、することもなくすごしていたら、郵便局の手伝《てつだ》いをしないかと声をかけてくれる人がいました。

いまのように、携帯電話《けいたいでんわ》やインターネットがない時代です。郵便はもっとも重要《じゅうよう》な通信手段《つうしんしゅだん》でした。だから郵便局はいそがしくて、いつも人手不足《ひとでぶそく》だったのです。ぼくは「ぜひ、やらせてください」と、この話に飛《と》びつきました。

初仕事《はつしごと》の日、はりきって郵便局に出勤《しゅっきん》しました。郵便配達《はいたつ》をすると思っていたのですが、つれていかれたのは雑務室《ざつむしつ》という部屋でした。

「ここではたらいてくれんね」

建物《たてもの》をまわってゴミを集めたり、トイレやえんとつをきれいにしたり、郵便《ゆうびん》局《きょく》ぜんたいのそうじをするのがおもな仕事でした。まきを割《わ》って、釜《かま》で湯をわかすこともしました。タンつぼを洗《あら》う仕事はいちばんいやでした。

そういう仕事を三年ぐらいつづけたある日、郵便局長からよびだされました。

「正式な職員《しょくいん》として採用《さいよう》したいと思うばってん、どうね」

ぼくのはたらきぶりを見て、信用《しんよう》できる人間だと思ってくれたようです。かあちゃんに楽をさせられる、正式に公務員になれるなんて夢《ゆめ》のようだと、うれしくてしかたありませんでした。

あとで知ったことがあります。ぼくを正式に採用するまえに、男の人が家の近所にやってきて、いろいろ質問《しつもん》していったそうなのです。

「中村由一さんは、どげんな性格《せいかく》の人ですか」

身元調査《ちょうさ》でした。

相手をしたおばちゃんは、ぼくを小さいころから知っていたので、こうこたえてくれました。

「由一ちゃんだったらだいじょうぶばい」

身元調査の人は、このひと言で安心したようです。もしも、おばちゃんがわるく言っていたら、ぼくは採用《さいよう》されなかったかもしれません。

ミスの連続《れんぞく》

ぼくが採用されたのは、長崎郵便局《ながさきゆうびんきょく》（いまの長崎中央郵便局《ながさきちゅうおうゆうびんきょく》）です。

正式な郵便局員《ゆうびんきょくいん》になっても、さいしょはまえとおなじ雑用係《ざつようがかり》でした。でも、公務員《こうむいん》としてはじめて給料袋《きゅうりょうぶくろ》を受けとったときは、自分が一人前になった気持ちがしました。

初月給の使い道は決めていました。うなぎを食べることです。仕事が終わると、そのままバスに乗ってうなぎ屋さんに行きました。

家に帰ると、給料袋をそのままかあちゃんにわたしました。かあちゃんは中身も見ずに仏壇《ぶつだん》にそなえました。とうちゃんの遺影《いえい》に話しかけるのが聞こえてきます。

「由一が郵便局ではたらくようになったとよ。給料もらってきたとよ」

給料袋はしばらくのあいだ、仏前に置《お》かれたままになっていました。かあちゃんは、ほんとうにうれしかったんだと思います。だからぼくは、つぎの月もそのつぎの月も、給料袋のまま、かあちゃんにわたしました。

一年ほどたって、郵便配達《ゆうびんはいたつ》の仕事をするようになりました。やりはじめて、たいへんさに気づきました。勉強をあまりしなかったぼくは、むずかしい漢字を知りません。だから、住所とあて名を読むのがたいへんだったのです。

たとえばこんなことがありました。小包《こづつみ》や書留《かきとめ》は、手わたしをするのが決まりで、しかもそのときに名前を確認《かくにん》しないといけません。佐伯《さえき》さんという人に小包をとどけたときのことです。

「サハクさんですか？」

「いいえ、うちはサエキです」

小金丸《こがねまる》さんに書留をとどけたときには、

「ショウキンマルさんですか？」

「いいえ、コガネマルです」

小金丸さんはこう言いました。

「読みかたがわからんときは、てきとうに言わんで、調べてから来るとが常識《じょうしき》とよ」

それから、むずかしい読みかたの名前の人には、えんぴつで小さな字でふりがなをつけてから、とどけるようにしました。

そのころ、家の近所の印刷所《いんさつじょ》で、夜間の作業員を募集《ぼしゅう》していました。見学に行くと、文字がほりだしてある金属《きんぞく》の細長い棒《ぼう》を、木のわくに入れる作業をしているところでした。

社長がこう言いました。

「由一、これをやったら文字をおぼえられるけん」

ぼくは、郵便局《ゆうびんきょく》にないしょで、夜のアルバイトをすることにしました。社長の言うとおりで、この仕事のおかげで、漢字をかなりおぼえることができたのです。

ふしぎなもので、漢字の読み書きができるようになると、もっと勉強がしたくなりました。

そんなときに、県立高校に通信制《つうしんせい》のコースができるというニュースを新聞で読みました。毎日通学するのがむずかしい人のためにつくられた、通信制の高校だったら、昼間仕事をしながらでも勉強ができます。

さいわい、通信制の高校には入学試験《しけん》がありませんでした。

なかまの輪《わ》

一九六四年四月、二十一歳《さい》のぼくは、長崎県立長崎西高校《ながさきけんりつながさきにしこうこう》の一年生になりました。

ふつうなら三年で卒業《そつぎょう》ですが、当時の通信制高校《つうしんせいこうこう》は最短《さいたん》でも四年かかりました。学校には通わず、家で時間があるときに自習をするのが、通信制の勉強のやりかたです。

教科書を開くと、わからないことだらけでした。数学はx《エックス》とかy《ワイ》が出てくる方程式《ほうていしき》のときかたが、なかなかおぼえられませんでした。国語は長文読解《どっかい》がさっぱりわかりませんでした。それでも毎日、仕事が終わったあと、家でおそくまで勉強しました。さいしょの試験《しけん》でなんとか合格点《ごうかくてん》をもらったときは、うれしかったですね。

勉強だけでなく、課外《かがい》活動にもとりくみました。

文化祭で披露《ひろう》したオペラ『蝶々《ちょうちょう》夫人《ふじん》』は大受けでした。老人《ろうじん》ホームをたずねて、お芝居《しばい》を観《み》てもらったこともあります。ともだちがどんどん増《ふ》え、なかまの輪《わ》が広がっていきました。

谷口《たにぐち》稜曄《すみてる》さんを見つめて

郵便配達《ゆうびんはいたつ》の仕事は苦労《くろう》の連続《れんぞく》でした。ぼくは、ふつうの人の二倍の時間がかかったからです。

被爆《ひばく》して神経《しんけい》をやられたぼくの両足は、つねってもいたくありません。どの指もまったく動かず、歩くことしかできません。

それでも、なんとかこげる自転車で配達をしていたのですが、ほかの人なら半日でできる仕事が、ぼくはまる一日かかってしまいます。長崎は坂の多い町なので、自転車をかついで階段《かいだん》をのぼらなくてはならないこともしばしばでした。

夜まで郵便物を配りつづけたこともあります。雨の日はとくにつらかったです。自転車をこぐ足に力が入らなくて、なんども転びました。いまだからうちあけますけれど、はがきや封筒《ふうとう》が水たまりに落ちて、ぬれてしまったこともあります。

港の桟橋《さんばし》で、船から郵便物《ゆうびんぶつ》をおろしたときのこともわすれられません。足場がわるくてバランスをくずし、持っていたかばんを海に落としてしまったのです。

寒い日でしたが、ぼくはパンツ一枚《まい》になって海に飛《と》びこみ、かばんをひろいました。さいわい、郵便物はあまりぬれずにすんで助かりましたが、あとでひどいかぜをひき、寝《ね》こんでしまいました。

来る日も来る日も失敗《しっぱい》ばかり。

でもおなじ被爆者《ひばくしゃ》のなかに、とてもがんばっている先輩《せんぱい》がいました。谷口稜曄さんです。谷口さんは十六歳《さい》のとき、郵便配達中に原爆のはげしい熱線《ねっせん》をあび、せなか一面に大やけどを負《お》ってしまいました。谷口さんはその後、長崎原《ながさきげん》爆被災者協議会《ばくひさいしゃきょうぎかい》の会長をつとめ、ニューヨークの国連《こくれん》本部で、原爆などの核《かく》兵器《へいき》をなくすように訴《うった》える演説《えんぜつ》をしました。

せなかの傷《きず》のいたみは、なみたいていのものではなかったと思うのですが、谷口さんは配達《はいたつ》の仕事にうちこんでいました。それだけではなく谷口さんは、時間を見つけては全国をまわり、講演会《こうえんかい》などで原爆の悲惨《ひさん》さを訴える活動をしていました。

谷口さんのすがたを遠くから見ていたら、よし、ぼくもがんばろうという力がわいてきました。

第四章

春いつの日

人まえで話をする

だれにも　父や母がいるように
わたしにも　もうこの世にいない
きびしい差別《さべつ》に　立ち向かう
父や母がいました
わたしはそんな父や母を語るとき　なぜか涙《なみだ》が出ます
わたしが笑顔《えがお》で父や母のことを語れるとき
そのときが　わたしにもほんとうの春が来たときです

これは、ぼくが五十四歳《さい》のときにつくった「春いつの日」という詩です。

この詩には、大阪《おおさか》の貝塚市《かいづかし》にある貝塚市立第二中学校《かいづかしりつだいにちゅうがっこう》の生徒《せいと》をはじめ、たくさんの学校の人たちが、曲をつけてくれました。もう、二十年もまえのことです。

貝塚二中の生徒たちは毎年長崎《ながさき》に来てくれて、ぼくのまえでこの歌をうたってくれます。生徒たちの希望《きぼう》にあふれる顔を見るたびに、原爆《げんばく》のことや被差別《ひさべつ》部落《ぶらく》のことを話すことにしてよかったな、と思うのです。

でも、人まえで自分が体験《たいけん》したことを話せるようになるまでは、とても長い道のりでした。

ぼくはずっと自分の体験を口にすることができませんでした。なによりもこわかったのは、差別です。被爆したことや被差別部落出身だということを人に話して、それが差別というかたちで自分にもどってきたら、どうしよう。そんなふうに考える、弱い気持ちがありました。

消えた町と残《のこ》された墓《はか》

だれにも　ふるさとがあるように
わたしにも　いまはもう原爆《げんばく》で焼《や》けてしまった
ふるさとがありました
わたしがそんなふるさとを語るとき　なぜか涙《なみだ》が出ます
わたしが笑顔《えがお》でふるさとのことを語れるとき
そのときが　わたしにも　ほんとうの春が来たときです

「春いつの日」の二番に、ぼくはこう書いています。
原爆で焼《や》きつくされた浦上町《うらかみまち》が、ぼくのふるさとです。人がいなくなった町は、やがて大きな野原のようになりました。

ぼくが郵便局《ゆうびんきょく》に入ったころ、大きな変化《へんか》がありました。浦上町のまんなかをよこぎる道路がつくられたのです。広い道路ができて便利《べんり》になると、この町に縁《えん》のない人たちがひっこしてきました。

あたらしくなった浦上町は、住民《じゅうみん》の希望《きぼう》で町名がかわることになりました。こうして浦上町の名前が、長崎から消えていったのです。

でも、ひとつだけ、残《のこ》されたものがあります。

共同墓地《きょうどうぼち》です。ふるさとをなくしてしまったぼくたちにとって、とてもたいせつな場所です。

そこには、被爆《ひばく》した浦上町出身の人たちが眠《ねむ》っています。その数は、いまでは七百人以上《いじょう》になります。ここに来て目をとじると、まだ小さかったころに遊んでくれたおじちゃんやおばちゃんたちに、会うことができるのです。

常己《つねみ》にいちゃんと弟の勝利《まさとし》の墓《はか》もあります。

毎月の月命日には、ぼくはかあちゃんといっしょに墓参《はかまい》りをすることを欠《か》かしませんでした。七歳《さい》年上の常己にいちゃんと、生まれてたった九か月で死んだ勝利の、ふたりのことは記憶《きおく》にありません。でも、この場所に来ると、はっきりとふたりの声が聞こえてきます。

兄と弟は、たしかに生きていたんだ。

そのことをみんなに伝《つた》えないといけない。

郵便局《ゆうびんきょく》につとめはじめてから、そう思うようになりました。でもそのときは、どうしたらいいのかわからず、その気持ちを胸《むね》にしまいこんでいました。

結婚《けっこん》

二十代の終わりごろ、ともだちから七歳年下の女性《じょせい》を紹介《しょうかい》されました。とてもかわいい女性で、ぼくはひと目ぼれをしてしまいました。かのじょは被差別部落《ひさべつぶらく》の出身ではありませんでしたが、母親が被爆《ひばく》した「被爆二世」でした。ぼくたちは意気投合しました。

でも、ぼくには決めていたことがありました。結婚《けっこん》はぜったいにしない。

じつは、それまでにいちど、結婚しようとしたことがありました。大阪の被差別部落出身の女性でした。でもその人は、結婚する直前に重い病気にかかってしまって、結婚がとりやめになったのです。

そんなこともあり、結婚をおそれる気持ちがありました。

結婚して子どもができても、被爆した影響《えいきょう》が子どもの体に出てしまうかもしれないとも考えました。ぼくのように原爆が原因《げんいん》でいじめられたら、ゆるされないことだとも思いました。でも、かのじょと出会ってしばらくしたとき、ABC《エービーシーシー》Cのお医者さんにこう言われました。

「人間はひとりでは生きていけんとよ。中村《なかむら》さん、好《す》きな人ができたなら、アタックしなさい」

そのことばにはげまされて、ついにぼくは、こう語りかけたのです。

「被爆者《ひばくしゃ》と被爆二世が結婚《けっこん》したら、困難《こんなん》があるかもしれんよ。子どもには、きびしい差別《さべつ》が待っているかもしれんよ。それでも結婚してくれますか」

かのじょはにっこりと笑《わら》い、ぼくの手を握《にぎ》ってくれました。

一九七三年十月、ぼくたちは結婚しました。

体験《たいけん》を話すようになった

一九七〇年は、長崎の港が開かれて四百年になるのを記念《きねん》する、開港祭が開かれた年でした。四月二十七日の開港記念日には、日本各地《にっぽんかくち》から多くの人が長崎に集まり、爆竹《ばくちく》が町じゅうに鳴りひびいていました。長崎は原爆から完全《かんぜん》に復興《ふっこう》したという印象《いんしょう》を、日本中の人にあたえたと思います。

この直後、浦上町をめぐってひとつの動きがありました。浦上町でぼくの近所に住んでいたひとりのおじちゃんが、自分が被差別部落《ひさべつぶらく》の出身だということをみんなのまえで発表したのです。磯本恒信《いそもとつねのぶ》さんという人です。磯本のおじちゃんは、自分たちのことをもっと理解《りかい》してほしいと訴《うった》えました。

衝撃的《しょうげきてき》なできごとでした。それまでぼくたちは、自分が被差別部落の出身だということを必死《ひっし》にかくしていたのですから。

それから磯本のおじちゃんは、消えてしまった浦上町のみんながまた集まれるように、いろんな活動をしました。おじちゃんのすがたを見て、ぼくも勇気《ゆうき》をもらいました。

ぼくは、郵便局《ゆうびんきょく》で、自分は被差別部落《ひさべつぶらく》出身だということを、なかまたちに話しました。みんな、びっくりしていました。でも、だれも、そのことで差別をしたりしませんでした。ぼくは、話してよかったと思い、重い荷物を肩《かた》からおろしたような気持ちになりました。いま思うと、人のまえで自分のことを話せるようになった第一歩が、あのときだったのかもしれません。

ぼくは休日を利用《りよう》して長崎県内の被差別部落をまわり、部落の人たちのなかまづくりを手伝《てつだ》うようになりました。

故郷《こきょう》にもどることができた

かあちゃんは、いつの日かまた、浦上町のみんなといっしょにくらすことを夢見《ゆめみ》ていました。ぼくもおなじ気持ちでした。

その夢が実現《じつげん》したのが一九七九年です。長崎市役所《ながさきしやくしょ》との話しあいがまとまり、もともと浦上町に住んでいた人たちのために、かつての浦上町の近くに、アパートが建《た》てられたのです。

大浦《おおうら》に住んでいたぼくたち家族も、このアパートにひっこすことにしました。むかしのなかまたちが、県内だけでなく大阪や福岡《ふくおか》からも帰ってきました。みんながいっしょになると、消えたはずのふるさとが、よみがえったような気がしました。

すると、かあちゃんがかわりました。これまでいっさい人まえでは話さなかった原爆《げんばく》のつらい体験《たいけん》を、わかい人たちにも知ってほしい、平和について考えるきっかけにしてほしいと言って、大阪から来た修学旅行生《しゅうがくりょこうせい》たちに話すようになったのです。

ほかの被爆者《ひばくしゃ》たちもおなじでした。大阪からもどってきたばあちゃんもじいちゃんも、それまでまったく人に話してこなかった、自分たちの被爆体験《たいけん》を話しはじめたのです。きっと、なかまといっしょだという安心感が、みんなの気持ちをまえむきにさせたのですね。

時がすぎ、ぼくもかわりました。

常己にいちゃんや勝利のことを話せば、ふたりがたしかにこの世にいたということを、みんなの記憶《きおく》に残《のこ》せると思ったのです。戦争《せんそう》のない平和な世の中がつづくために、自分にできることをしていこうと思ったのです。三人の娘《むすめ》がしっかりと成長《せいちょう》していたことも、ぼくの気持ちをあとおししてくれました。

いまから二十数年まえの夏のこと、佐世保《させぼ》市内の高校で、ぼくははじめてわかものたちに自分の体験《たいけん》を話しました。

二百人ほどの高校生が講堂《こうどう》に集まっていました。でもそのときは、上手にお話しすることができませんでした。緊張《きんちょう》のあまり顔をあげられなくて、ずっと手もとのメモを読むだけでした。

自分の体験《たいけん》をつつみかくさず話すことができませんでした。浦上町出身であることを語れず、教科書にのっているような、だれもが知っている被爆《ひばく》体験しか話せませんでした。

それでもその後、長崎市内の小中学校からも、声がかかるようになったのですが、ぼくが通っていた大浦の小学校から話をしてほしいと頼《たの》まれたときには、とてもおどろきました。

担当《たんとう》の先生にこう言いました。

「ここでぼくは、いじめをくりかえし受けました。ほんとうにあった話です。それを話してもいいですか」

先生は理解《りかい》のある人で、「もちろんです。ぜひお願《ねが》いします」とこたえてくれました。
この講演会《こうえんかい》が終わったあとにつくったのが、「春いつの日」です。三番も紹《しょう》介《かい》しておきましょう。

だれにも　母校が　あるように
わたしにも　いじめられた　差別《さべつ》されつづけた
母校がありました
わたしがそんな母校を語るとき　なぜか涙《なみだ》が出ます
わたしが笑顔《えがお》で母校のことを語れるとき
そのときが　わたしにも　ほんとうの春が来たときです

そして、大阪のある中学校で話をしたときのこと。その地域《ちいき》には浦上町のような被差別部落《ひさべつぶらく》があり、そこの出身者も通っている中学校でした。

そのとき、ぼくははじめて、被爆体験《ひばくたいけん》のほかに自分が被差別部落の出身だということを、勇気《ゆうき》をふりしぼって話しました。子どもたちがしんけんに聞いてくれているのが感じられて、これからは被爆体験だけではなく、この世の中から差別やいじめをなくすために、いじめを受けたときのぼくの気持ちもしっかり語っていこうと、心に決めました。

ぼくはこの日、自分が語るべきことを発見したのです。

中学校の修学旅行《しゅうがくりょこう》で

大阪の貝塚二中の校長先生から電話をもらったのは、一九九九年のことでした。校区には、ムラとよばれる被差別部落があり、生徒《せいと》たちに被爆体験だけでなく、差別《さべつ》の問題についても語ってほしいというお願《ねが》いでした。

ぼくにしかできないことだと思い、すぐにひきうけることにしました。それ以来《いらい》、三年生の生徒《せいと》たちは、毎年六月の修学旅行《しゅうがくりょこう》で長崎に来るようになりました。

二泊《はく》三日の修学旅行の、初日《しょにち》は市内観光《かんこう》です。生徒たちは四人ひと組の班《はん》にわかれ、出島《でじま》やグラバー園《えん》、大浦天主堂《おおうらてんしゅどう》、オランダ坂《ざか》、眼鏡橋《めがねばし》などの名所をまわります。

二日めの午前中は、まず爆心地にある原爆落下中心地碑《げんばくらっかちゅうしんちひ》に向かい、原爆で亡《な》くなった人のご冥福《めいふく》をお祈《いの》りし、平和公園《へいわこうえん》や長崎原爆資料館《ながさきげんばくしりょうかん》、城山小学校《しろやましょうがっこう》の被爆校舎《ひばくこうしゃ》などを見学します。

被爆者のための養護施設《ようごしせつ》「恵《めぐみ》の丘長崎原爆《おかながさきげんばく》ホーム」をたずねるのは、そこでくらしているお年寄《としよ》りのみなさんから原爆の話を聞くためです。生徒たちは、生々しい話に耳をすませ、長崎が受けた深い傷《きず》に思いをめぐらせるのです。

午後も見学がつづきます。

爆心地《ばくしんち》からおよそ五百メートルの場所にあり、建物《たてもの》のほとんどがふき飛《と》ばされてしまった浦上天主堂《うらかみてんしゅどう》、自分自身も白血病とたたかいながら、被爆者《ひばくしゃ》の救《きゅう》護《ご》活動をした医師《いし》の永井隆博士《ながいたかしはかせ》が、病室や書斎《しょさい》として使っていた如己堂《にょこどう》、山《さん》王神社《のうじんじゃ》の一本柱鳥居《いっぽんばしらとりい》などをまわります。ぼくたちのなかまが眠《ねむ》っている共同《きょうどう》墓地《ぼち》の、「涙痕之碑《るいこんのひ》」もたずねてくれます。

その日の夜の「全体講演《こうえん》」で、いよいよぼくは、貝塚二中の生徒《せいと》たちと対面することになります。

夜の七時半ごろ、貝塚二中の三年生が泊《と》まっているホテルの玄関《げんかん》に到着《とうちゃく》すると、係の生徒たちが出むかえてくれます。体育館くらいの広さの大広間に案《あん》内《ない》されると、そこには夕食を食べおわったおよそ二百人の生徒《せいと》が、せいぞろいしているのです。

貝塚二中では、この日のためにしっかり準備《じゅんび》をしています。

生徒たちは、長崎に来る四か月ぐらいまえから、総合学習《そうごう》の時間を利用《りよう》して、長崎のことや原爆《げんばく》のこと、それからぼくの生《お》いたちなどを教わります。そして、ぼくあてに手紙を書いて、送ってくれます。なやみや相談ごとを書いてくれる子が多いのですが、担任《たんにん》の先生が知らないような秘密《ひみつ》を、うちあけてくれる生徒もいます。みんなが長崎に来るまえに、ぼくはひとりひとりの顔を想《そう》像《ぞう》しながら、手紙をじっくりと読むのです。

ぼくが壇《だん》の上に立つと、まず生徒全員でうたう「春いつの日」の合唱《がっしょう》が始まります。

合唱が終わると、いよいよぼくの話になります。

「長崎の浦上というところに、浦上町という被差別部落《ひさべつぶらく》がありました。その浦上町がわたしのルーツになります。被爆《ひばく》して焼《や》けだされたため、家族でひっこした茂木町《もぎまち》のおばあちゃんは、ぜったいに浦上から来たことは言ってはいけないぞと、母に注意をしました。もし浦上から来たことがわかると、こんどはおばあちゃんたちも、差別を受けることになるからです」

こんなふうに話しはじめると、会場はシーンと静《しず》かになります。

「小学校の卒業式《そつぎょうしき》で、担任《たんにん》の先生にこう言われました。『あなた、中村由一《なかむらよしかず》になってください』。それまで小学校では、カッパや、ハゲや、ゲンバクがわたしの名前でした。ところが、子どもたちの両親や地元のえらい人たちが来賓《らいひん》として来ている卒業式の会場では、担任の先生は、わたしを『中村由一』とよぼうとしたのです」

このあと、卒業式後に校庭で卒業証書《そつぎょうしょうしょ》をやぶられたこと、もらった卒業証書《しょうしょ》はかあちゃんの卒業《そつぎょう》証書だと思ったことなどをお話しして、いつもだいたい九時ごろに、ぼくの話は終わりになります。原爆《げんばく》の悲惨《ひさん》さ、いじめと差《さ》別《べつ》、このふたつのことをしんけんな表情《ひょうじょう》で聞いてくれる生徒《せいと》たちのことが、ぼくの印象《いんしょう》に強く残《のこ》っています。

でも、これで終わりではありません。ぼくの話が終わると、こんどは生徒たちが自分のなやみをうちあける「全体学活」が開かれます。

ぼくはそこにも参加《さんか》することにしています。進路のこと、ともだち関係《かんけい》のこと、恋愛《れんあい》のこと、いじめや差別のこと……。生徒たちは、しんけんに話しあいます。それまで自分のことを語れなかった生徒が、学年全員のまえで言いにくいなやみを告白《こくはく》することもあります。ぼくに相談や質問《しつもん》をする生徒もおおぜいいます。

修学旅行《しゅうがくりょこう》の講演《こうえん》と学活は、貝塚二中での三年間をつうじての、メインイベントなのだそうです。

「中村さんの話を後世につなげたい」

生徒《せいと》たちがぼくあてに書いてくれた感想文を、少し紹介《しょうかい》しましょう。

やはり原爆《げんばく》の話の感想を書く生徒が多いです。

〈思ってたよりずっとすごい話で、ほんとうにあらためて原爆のこわさや戦争《せんそう》のこわさがわかりました〉

〈原爆は人を殺《ころ》すだけでなく、人につらい思いをさせるものだと知りました〉

〈年々少しずつ少なくなってきた被爆体験者《ひばくたいけんしゃ》、わたしたちが聞いたことをこのさきの人たちに伝《つた》えていきたいです〉

進路についてなやんでいた生徒は、ぼくの体験談を聞いて、なにかを感じてくれたようです。

〈ぼくの夢《ゆめ》、イタリアでプロサッカー選手《せんしゅ》になる!!　をあきらめないようにしようと思いました。そしていまの平和のありがたさを、あらためて深く知ることができました。また、中村さんの話を後世につなげたいと思います〉

いじめについて、しんけんに考えはじめた生徒《せいと》たちもいます。

〈自分はいじめをしたり、されたり、見たりしたことがないけど、中村さんの話を聞いて、これから、いじめをしないで、見たら止めたりしようと思いました。そしてこれからは、自分の身のまわりにいる家族やともだちをたいせつにして、いろいろな人に「ありがとう」や「ごめんなさい」と言える人になりたいと思います。いじめをなくせるように、行動やことばに気をつけていきたいです〉

〈中村さんはいじめを受けていてつらかったと思うのに、まえむきに生きてい

てすごいなあと思いました。わたしもつらいことがあっても、まえむきに生きていきます。とても勇気《ゆうき》と元気をもらいました〉

〈いじめの話を聞いて、自分もいじめを体験《たいけん》しているので、すごく気持ちが苦しかったです。さいごの卒業証書《そつぎょうしょうしょ》の話はすごく苦しかったし、悲しくなりました。みんなが気持ちを言ったりしていて、すごく感動しました。この学年でよかったと思いました〉

差別《さべつ》についてなやんでいる生徒《せいと》の声も寄《よ》せられました。K《ケー》くんは、ぼくの体験を聞いて〈少し不安《ふあん》になった〉と書き、こうつづけました。

〈自分も、おとなになったときに差別したりされたりするのかなと思ってしまいます〉

つぎに紹介《しょうかい》するのは、自分の生まれになやんでいた女の子の感想です。

〈わたしも出生地のことで、なやんでいます。差別されることはなんどか経験《けいけん》しました。中村さんのお話を聞いて、そんなわたしでもちゃんと生きなければ！　と思いました。そして、他人を差別《さべつ》しないように気をつけようと思いました〉

毎年、感想文を読むのがたのしみでなりません。

「生徒《せいと》たちが長崎に行ってかわりました。成長《せいちょう》を感じられるのがうれしいです」などと先生たちに言われると、みんなに話しつづけてきてよかったなあと思います。


全体学活の司会《しかい》をつとめた生徒は、こんな感想を書いてくれました。

〈つらかったであろう過去《かこ》を、笑顔《えがお》で語れる中村さんに強さを感じました。わたしもそういうふうに、心が強い人になってやろうと思いました。全体学活で司会をさせていただいたのですが、すごいいきおいの緊張《きんちょう》も、中村さんの笑顔のおかげで解《と》けました。自分のことを言ったひとりひとりの話を、正面から

聞いてくださり、自分をありのままにさらけだして話してくださり、ほんとうにありがとうございました〉

卒業後《そつぎょうご》、さまざまな進路を歩むなかで、自分に負けそうになることもあると思います。そんなときにこそ、長崎で考えたこと、感じたことを思いだして、おたがいにささえあいながら、自分の道を力強く、歩いていってもらいたいと思うのです。

差別《さべつ》やいじめはなくなると思いますか？

子どもたちに話をするときに、かならず聞くことがあります。

「差別やいじめはなくなると思いますか？」

ほとんどの子が「なくなりません」とこたえます。

しかし、ぼくは、はっきりと信《しん》じています。かならずなくすことができると信じています。

貝塚二中の生徒《せいと》たちは、長崎から帰ってくると、こんなふうに考えるようになるそうです。

「いじめはなくせると中村さんは言っていましたが、ぼくもなくせると考えています。このまえ、ともだちにいじめはなくせると言ったら、むりだって言われました。それはそのともだちの考えだから、しかたないのかなあと思いました。でも、中村さんのおかげで、たぶん、いじめはなくせると考える人が増《ふ》えると思います」

「わたしは、ぜったいに人をいじめるとあかんし、戦争《せんそう》ということばをなくしたいと思いました」

イタリアでプロサッカー選手《せんしゅ》をめざす生徒は、こう語っています。

「いまはいじめや差別《さべつ》がありますが、ぜったいに自分もなくせると思います。また、あってはならないことなので、なくしたいです。みんなで協力《きょうりょく》し、いじめや差別をなくしたいと思います」

差別についてなやんでいたKくんも、こう感じたそうです。

「中村さんが、差別やいじめをなくすことができると言ったのを聞いて、勇気《ゆうき》をもらうことができました。すごくうれしかったです。さいごに握手《あくしゅ》をしてもらいましたが、とても力強くてやさしくて、あたたかい握手でした。ほんとうにありがとうございました」

ぼくは、子どもたちに話をしたあと、ひとりひとりと握手をします。差別される苦しみを、わすれずに生きている人がいることを、知ってほしいからです。差別の苦しみを味わうのは、ぼくたちでさいごにしたいという気持ちも、こめているつもりです。

貝塚二中のみんなが「春いつの日」をうたってくれているあいだ、ぼくは自分の胸《むね》に手をあてています。心臓《しんぞう》の鼓動《こどう》を感じながら、生きていることを確認《かくにん》しているのです。

ぼくは生きのこった。

原爆《げんばく》にも、差別《さべつ》にも負けずに。

だから、これからも生きていきます。

わかい人たちに、ぼくの話を聞いてもらうために。

戦争《せんそう》や差別のない世の中が、かならずやってくるように。

貝塚《かいづか》二《に》中《ちゅう》の
修学旅行《しゅうがくりょこう》の記念《きねん》写真は、
平和公園《へいわこうえん》の平和祈念像《へいわきねんぞう》まえで
撮影《さつえい》します。

空から撮影《さつえい》した、
美しい長崎《ながさき》の町です。
平和なくらしが
いつまでも
つづきますように。

グラバー園《えん》

写真のグラバー住宅《じゅうたく》は、1863年に建《た》てられた日本最古《にっぽんさいこ》の木《もく》造《ぞう》洋風建築《けんちく》。ここでくらしたトーマス・グラバーは、貿易《ぼうえき》、炭鉱《たんこう》、鉄道などの分野で、日本の近代化に力をつくしました。

長《なが》崎《さき》をたずねてみよう!

貝塚《かいづか》二中《にちゅう》の生徒《せいと》たちが、長崎で見学するスポットを紹介《しょうかい》します。
みなさんも、長崎の歴史《れきし》を学び、平和について考えてみましょう。

出島《でじま》

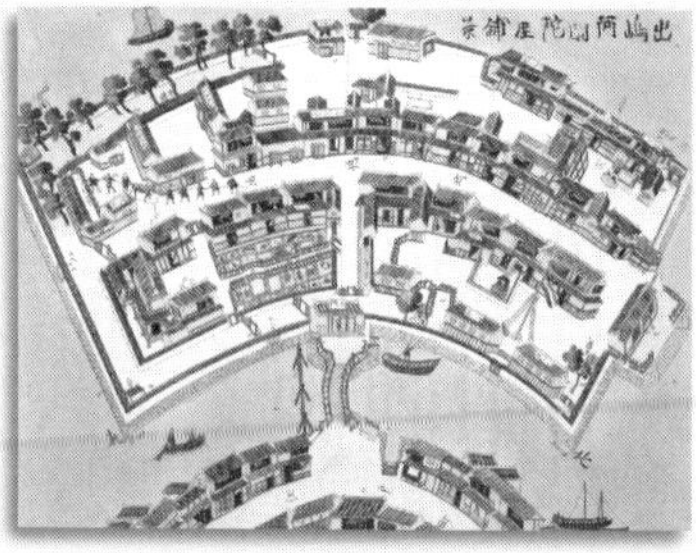

鎖国《さこく》をしていた江戸時代《えどじだい》に、ここでだけは、オランダとの貿易《ぼうえき》がゆるされました。この絵は、19世紀出島のオランダ商館《しょうかん》のようすを、えがいたものです。

眼鏡橋《めがねばし》

1634年につくられた、日本でもっとも古いアーチ式の石橋です。川の水面に橋がうつって、めがねみたいに見えるのがわかりますね。

長《なが》崎《さき》原《げん》爆《ばく》資《し》料《りょう》館《かん》

ファットマンとよばれた原爆の実物大模型《もけい》、時のとまった時計、とけてくっついたガラスのビンなど、被爆《ひばく》のようすを示《しめ》す資料《しりょう》が数多く展示《てんじ》されています。

▶▶20ページの「長崎市の地図」も参考にしてください。

長崎に落とされた原爆の模型《もけい》。

現代的《げんだいてき》な建物《たてもの》です。

平《へい》和《わ》公《こう》園《えん》

公園のおくに平和祈《へいわき》念像《ねんぞう》があります。上にのびる手は原爆のおそろしさを、よこにのびる手は世界平和を表現《ひょうげん》しています。

浦上天主堂《うらかみてんしゅどう》

爆心地《ばくしんち》から500メートルの近さにありました。原爆でめちゃめちゃにこわされましたが、その後1959年に再建《さいけん》されました。

山王神社《さんのうじんじゃ》

山王神社の二《に》の鳥居《とりい》は、原爆の爆風でかたほうの柱がふき飛《と》ばされました。それでもたおれない鳥居は、生命力のあかしです。

如己堂《にょこどう》

永井隆博士《ながいたかしはかせ》は白血病になっても被爆《ひばく》しても、多くの人を治療《ちりょう》しました。家も妻《つま》も失《うしな》った永井博士のために、カトリック信者《しんじゃ》たちが建《た》てた小さな家が如己堂です。

永井隆博士。

如己堂の部屋の広さは、たたみ2枚分《まいぶん》です。

おもな参考資料

●『同和対策の現況〈昭和48年〉』
総理府編　大蔵省印刷局　1973年
●『ふるさとは一瞬に消えた　長崎・浦上町の被爆といま』
長崎県部落史研究所編　解放出版社　1995年
●『時間を歩く　長崎の部落史を訪ねて』
阿南重幸著　長崎県同和教育研究協議会　1998年
●『被差別民の長崎・学　貿易とキリシタンと被差別部落』
阿南重幸編著　長崎人権研究所　2009年
●『生き抜け、その日のために　長崎の被差別部落とキリシタン』
髙山文彦著　解放出版社　2017年
●長崎人権ブックレット「こだわって部落問題」その1～5
阿南重幸著　NPO法人長崎人権研究所　2015年～2016年
●『原爆と沈黙～長崎浦上の受難～』
ETV特集　日本放送協会　2017年8月放送

中村由一　なかむら よしかず

1942年10月、長崎県生まれ。1945年8月9日、2歳10か月のときに自宅で原子爆弾に被爆して大けがを負い、記憶を失う。長崎市内の小学校に入学するが、そこでさまざまないじめを経験する。中学卒業後、希望の会社に入れず、船の修理工場、靴職人の見習いなどを経て、長崎市内の郵便局に就職。1999年に57歳で退職するまで、不自由な足で郵便配達を続けた。40歳を過ぎたころから部落解放運動に取り組み、自身の被爆体験や被差別体験を語り続けている。

渡辺 考　わたなべ こう　── 聞き書き

テレビディレクター。1966年、東京都生まれ。1990年、NHK入局、現在は福岡放送局ディレクター。中村由一氏へのインタビューを中心に構成した『原爆と沈黙～長崎浦上の受難～』（NHK・ETV特集、2017年8月放送）を担当した。ドキュメンタリー映画『father カンボジアへ幸せを届けたゴッちゃん神父の物語』（新日本映画社、2018年4月公開）では監督を務めた。著書に『もういちどつくりたい テレビドキュメンタリスト・木村栄文』（講談社）などがある。

宮尾和孝　みやお かずたか　── 絵

イラストレーター。1978年、東京都生まれ。さし絵を担当した作品に、『パンプキン！ 模擬原爆の夏』（令丈ヒロ子、講談社）、『チームふたり』（吉野万理子、学研）などがある。

※登場人物の一部に仮名を使用しました。

カバー ——
絵　宮尾和孝
写真　朝日新聞、時事通信
本文 ——
絵　宮尾和孝
写真　松田弘道（26ページ、写真提供「反核・写真運動」）
講談社（84、91ページ）
貝塚市立第二中学校（148ページ）
時事通信（150～154ページ）
共同通信（153ページ上）
永井隆記念館（154ページ下）
地図　網谷貴博
JASRAC 出 180427004-004

協力　阿南重幸

世《よ》の中《なか》への扉《とびら》
ゲンバクとよばれた少年《しょうねん》

2018年7月9日　第1刷発行
2021年8月11日　第4刷発行

著者　中村由一《なかむらよしかず》
発行者　鈴木章一
発行所　株式会社　講談社
〒112-8001　東京都文京区音羽2-12-21
電話　編集　03-5395-3535
販売　03-5395-3625
業務　03-5395-3615
印刷所　株式会社新藤慶昌堂
製本所　株式会社若林製本工場

KODANSHA

N.D.C. 916　156p　20cm　ISBN978-4-06-221034-8

スポーツ **王先輩から清宮幸太郎まで　早実野球部物語**　中村計

合い言葉は「GO! GO! GO!」。清宮選手のホームランパワーと早実の伝統の力が躍動する、ぜったい読みたい野球ノンフィクション。

技術 **東京スカイツリーの秘密**　瀧井宏臣

東京スカイツリーができるまでの、喜びと苦しみ、おどろきの技術と工夫など、日本のものづくりの底力がわかる感動ストーリー。

歴史 **おどろきの東京縄文人**　瀧井宏臣

東京のどまんなかで大量の人骨を発見！　もしかしたら殺人事件かもしれないと、刑事さんも考古学者もみんな集まって調べたところ？

歴史 **東京大空襲を忘れない**　瀧井宏臣

1945年3月10日、ひと晩でおよそ10万人が亡くなった東京大空襲のすべてを描く。2017年度児童文芸ノンフィクション賞受賞。

社会 **泥だらけのカルテ**　柳原三佳

すべてを奪い去った3.11の津波。遺体を家族のもとに帰しつづける歯科医の背中が、壊滅状態の故郷の人々を復興に立ち上がらせた！

表現 **調べてみよう、書いてみよう**　最相葉月

テーマが見つかる、調べ方がわかる！　上手な文章が書けるようになる本。学校では教えてくれない、読む人に伝わる文章の書き方を伝授する。

平和 **戦争を取材する**　山本美香

ゲリラに誘拐されたリル、目の前で友を失ったアブドゥヌール……。女性ジャーナリストが取材した、世界の戦地で懸命に生きる子どもたちの姿。

社会 **みんな知りたい！　ドクターイエローのひみつ**　飯田守

1964年からずっと東海道新幹線の安全を守ってきた、ドクターイエロー。見ると幸せになれる黄色い新幹線のすべてがわかる！

動物 **野生動物のお医者さん**　齊藤慶輔

北海道・釧路で、絶滅の危機に瀕した猛禽類の治療にあたる、野生動物専門の獣医師の仕事とは？　2010年度産経児童出版文化賞産経新聞社賞受賞。

小中学生むけノンフィクションシリーズ

世の中への扉

社会 **にいちゃんのランドセル** 城島充

阪神淡路大震災で命を失った漢之くんが遺したランドセルは、弟の凜くんに受け継がれた。NHKでドキュメンタリードラマ化。

スポーツ **レジェンド！** 城島充

スキージャンプの「レジェンド」葛西紀明選手と葛西選手を育てた下川ジャンプ少年団の物語。2015年度青少年読書感想文全国コンクール課題図書。

スポーツ **平野美宇と伊藤美誠　がんばれ！　ピンポンガールズ** 城島充

めざせ！　東京オリンピック。いまもっとも注目をあびる女子アスリートが、少女時代から世界の舞台で活躍するまでの、ライバル＆友情物語。

音楽 **ピアノはともだち** こうやま のりお

生まれたときから光のない世界で生きる、ピアニスト辻井伸行くんの成長をつづる。2012年度青少年読書感想文全国コンクール課題図書。

社会 **ヒット商品研究所へようこそ！** こうやま のりお

人に喜ばれるものを作ると、仕事は楽しい。ぼくたち、わたしたちが大好きな「ガリガリ君」「瞬足」「青い鳥文庫」ができるまでを大研究！

社会 **めざせ！　給食甲子園** こうやま のりお

給食日本一を決める給食甲子園。栄養士たちのたたかいに密着して、おいしい給食の秘密にせまる！　給食でいちばんたいせつなこととは？

スポーツ **甲子園がくれた命** 中村計

ドラフト１位でオリックスに入団した山﨑福也投手の感動物語。脳腫瘍の大手術をのりこえ、日大三高を甲子園準優勝に導いた。

スポーツ **打てるもんなら打ってみろ！** 中村計

ダルビッシュ（東北）、田中（駒大苫小牧）、藤浪（大阪桐蔭）、松井（桐光学園）、安楽（済美）――甲子園をわかせた５人の速球王たちの物語。